明治図書

小学校道徳

発問組み立て事典

杉本遼・高宮正貴 著

はじめに

本書を手に取っていただきありがとうございます。著者の杉本遼と申します。

本書は、「特別な教科　道徳」（以下、道徳科）の授業を、発問の組み立てから変えていこうというものです。

私は、この本を通して全国の教室の道徳科の授業を楽しいものにしていきたいと考えています。

岩崎直哉氏の著書『小学校国語　発問組み立て事典　物語文編』のシリーズ本として、『小学校道徳　発問組み立て事典』を作成しました。岩崎氏は『小学校国語　発問組み立て事典　物語文編』で、「直観から論理へという二段階の思考に沿った〈発問〉の組み立て方」を提案しています。その理由として、以下の三点を挙げています。

①〈発問〉が授業づくりを支える骨子であること
②〈発問〉は「何を問うか」の検討だけでは不十分で、「どのように問うか」「どの順で問うか」まで考えないといけないこと
③「直観から論理へ」という二段階の発想は、教科・領域を問わず汎用的な発想であること

この三点は、道徳科の授業づくりにおいても、間違いなく当てはまります。

道徳科では、多くの授業で、展開前段では教材の場面ごとに登場人物の思いや気持ちを問う発問、展開後段では自己の経験を振り返る発問と、発問や学習過程が固定化していました。私も若手教員時代、その学習過程を疑うことなく授業していました。しかし、次第に私も子どもも物足りなさを感じるようになりました。

左上の板書写真が若手教員時代の板書で、左下が現在の板書です。授業づくりが大きく変化し、最近では子どもと共に発問を組み立てることを楽しめるようになってきました。

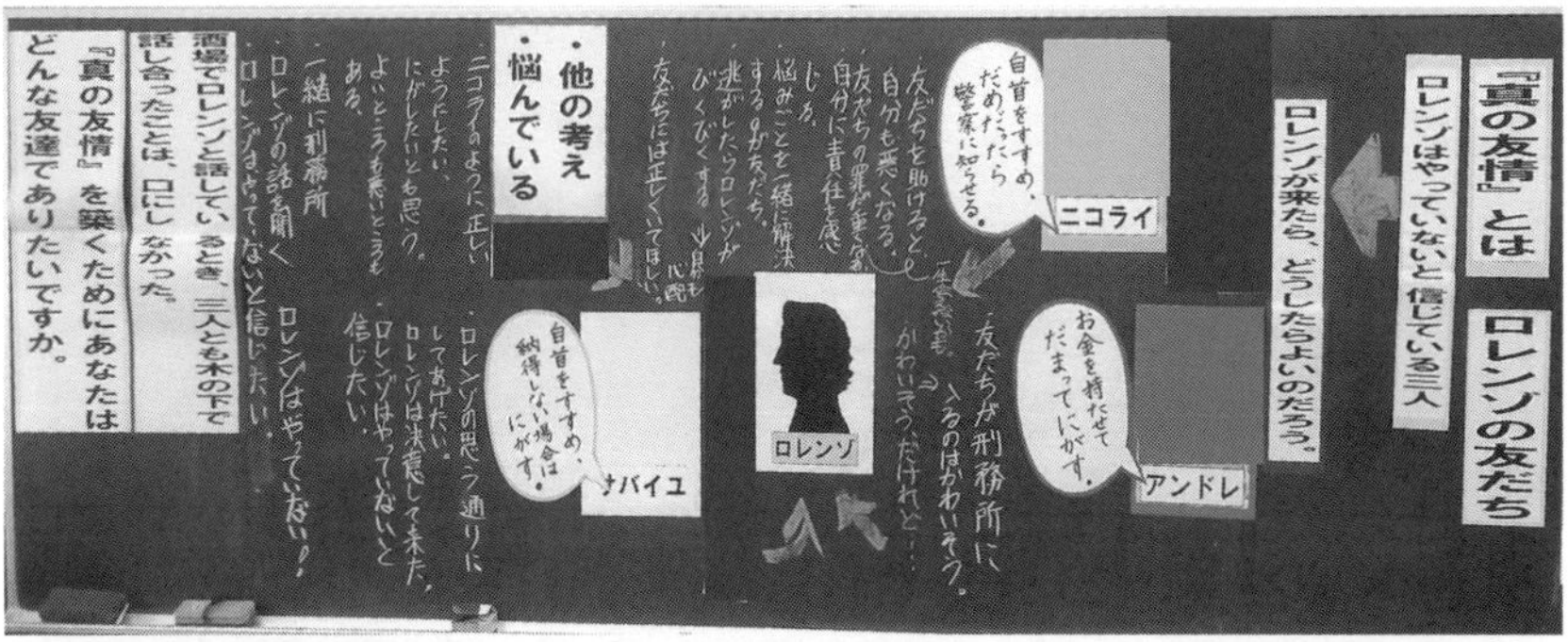

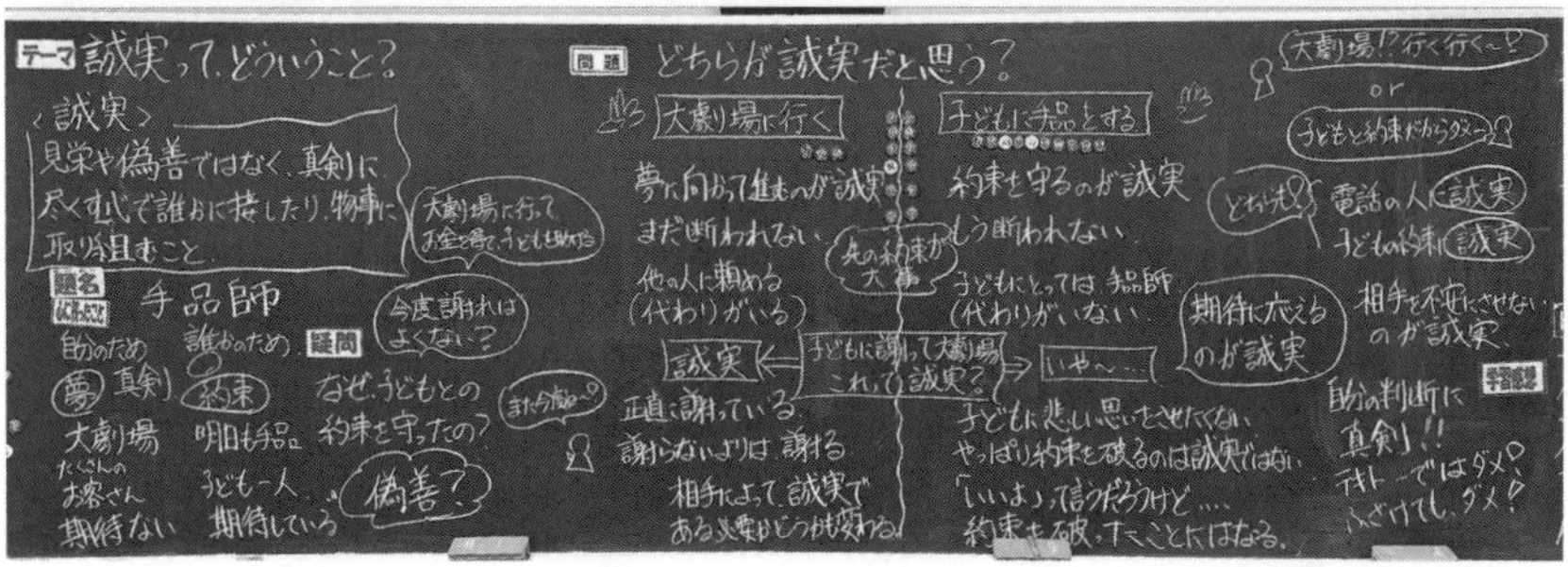

本書は、荊木聡氏（２０２０、２０２１）による「価値認識・自己認識・自己展望という三つの視点による授業づくり」を一般化したいと願い、共著者である髙宮正貴氏と研究してきた成果です。

理論編１では道徳科の発問を組み立てるときに大切にしたいことを、理論編２では発問のタイプと組み立ての考え方を説明します。実践編では、低・中・高学年の13の教材について、発問の組み立てを各２パターン（うち１教材は２時間扱いの１パターン）載せています。

本書が、発問や発問の組み立ての可能性を拓き、柔軟な道徳科の授業づくりに貢献できると確信しています。

２０２４年７月

杉本　遼

Contents

1・2年

3・4年

理論編1

「点」の発問から
「線」の発問へ

道徳科における発問とは何か？

〈発問〉と〈指示〉

本書では、道徳科において、子どもの学習活動を促す発問をどのように組み立てたらよいのかを説明していきます。

道徳科に限らず、授業中の教師の指導言には〈発問〉と〈指示〉の二つがあります。本書のシリーズである『小学校国語　発問組み立て事典　物語文編』の著者の岩崎氏は、大西（１９９１）の区別を引用しながら、〈発問〉と〈指示〉を次のように区別しています。

〈発問〉…子どもの思考に働きかけるもの
〈指示〉…子どもの行動に働きかけるもの

このように、〈発問〉は子どもの思考を促す指導言ということになります。

〈発問〉と〈質問〉

では、〈発問〉と〈質問〉は何が違うのでしょうか。どちらも「問い」という言語形式は同じです。しかし、〈質問〉は単純に知りたいことを他者に問いかけるのに対して、〈発問〉は教師が意図をもって子どもに問いかける点に違いがあります。

道徳科の目標

〈発問〉と〈指示〉は違うこと、そして、〈発問〉と〈質問〉は違うことは、道徳科も他教科も変わりません。

しかし、各教科に目標や固有の見方・考え方があるように、道徳科にも固有の目標や見方・考え方があります。

道徳科の授業で子どもたちの思考に働きかける発問を考えるためには、道徳科の目標や見方・考え方を捉えておく必要があります。

道徳科の目標は小学校学習指導要領解説道徳編（以下、小学校解説）に次のように記されています（傍線は筆者）。

> **第1章総則の第1の2の(2)に示す道徳教育の目標に基づき、よりよく生きるための基盤となる道徳性を養うため、道徳的諸価値についての理解を基に、自己を見つめ、物事を多面的・多角的に考え、自己の生き方についての考えを深める学習を通して、道徳的な判断力、心情、実践意欲と態度を育てる。**

道徳科の目標を二つに分けると、道徳科の学習活動と育てたい道徳性の諸様相に分けられます。

> **○道徳科の学習活動**…道徳的諸価値についての理解を基に、自己を見つめ、物事を多面的・多角的に考え、自己の生き方についての考えを深める学習
> **○道徳性の諸様相**　…道徳的な判断力、心情、実践意欲と態度

道徳科では、「道徳的諸価値についての理解を基に、自己を見つめ、物事を多面的・多角的に考え、自己の生き方についての考えを深める」見方・考え方を働かせる学習活動を通して、道徳性の諸様相である「道徳的な判断力、心情、実践意欲と態度」を育てます。前者の学習活動については、次の二節で詳しく述べますので、先に道徳性の諸様相について見ていきます。

道徳性の諸様相である「道徳的な判断力、心情、実践意欲と態度」は、小学校解説で、以下のように定義されています。

○道徳的判断力…それぞれの場面において善悪を判断する能力である。つまり、人間として生きるために道徳的価値が大切なことを理解し、様々な状況下において人間としてどのように対処することが望まれるかを判断する力である。的確な道徳的判断力をもつことによって、それぞれの場面において機に応じた道徳的行為が可能になる。

○道徳的心情…道徳的価値の大切さを感じ取り、善を行うことを喜び、悪を憎む感情のことである。人間としてのよりよい生き方や善を志向する感情であるとも言える。それは、道徳的行為への動機として強く作用するものである。

○道徳的実践意欲と態度…道徳的判断力や道徳的心情によって価値があるとされた行動をとろうとする傾向性を意味する。道徳的実践意欲は、道徳的判断力や道徳的心情を基盤とし道徳的価値を実現しようとする意志の働きであり、道徳的態度は、それらに裏付けられた具体的な道徳的行為への身構えと言うことができる。

道徳的判断力は道徳的価値が大切なことを理解した上で、「様々な状況下において人間としてどのように対処することが望まれるかを判断する力」です。つまり、道徳的判断力は、道徳的価値の大切さを理解することと、その理解を基に様々な状況下でふさわしい行為をすること、という二つの要素から成り立っています。道徳的価値の大切さを理解するとは、道徳的価値の意味（思いやりとは何か？）と意義（思いやりはなぜ大切か？）を「理解」することです。道徳的判断力は、それに加えて、「様々な状況下において」、つまり様々な相手に対してや様々な時と場所でどのように行為することが望ましいのかを判断する力のことです。例えば、「他の人に親切にすることは大切だ。でも、この腰の曲がったおばあさんは、私が『お手伝いしますよ』と声をかけたら、かえって怒ったり傷ついたりするかもしれないから、今回はあえて声をかけないで見守っておこう」と判断する力です。

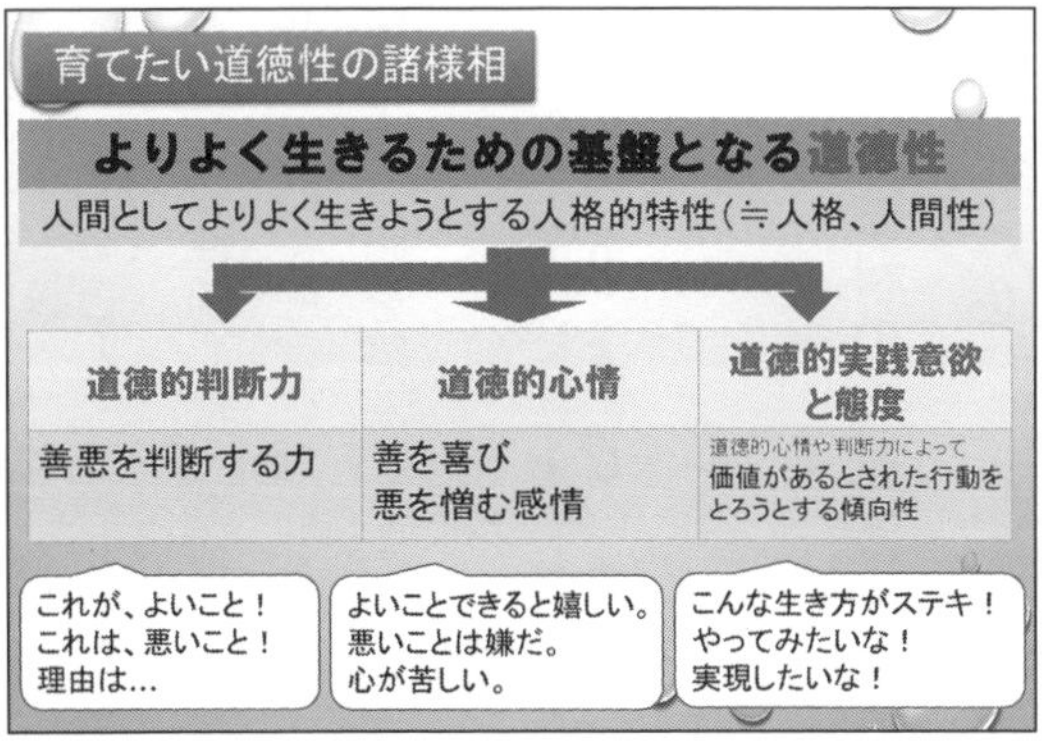

よりよく生きるための基盤となる道徳性

道徳的判断力	道徳的心情	道徳的実践意欲と態度
善悪を判断する力	善を喜び悪を憎む感情	道徳的心情や判断力によって価値があるとされた行動をとろうとする傾向性
これが、よいこと！これは、悪いこと！理由は…	よいことできると嬉しい。悪いことは嫌だ。心が苦しい。	こんな生き方がステキ！やってみたいな！実現したいな！

道徳的心情とは、「よいことをしたい。よいことをできると嬉しい」「悪いことをしてしまうのは嫌だ。悪いことをしてしまったら心苦しい」といった気持ちや思いです。道徳的心情を育てるには「道徳的価値の大切さを感じ取る」ことが必要になるので、道徳的価値の大切さを知的に理解するだけでなく、その大切さを感じ取る感性も必要です。

道徳的実践意欲は「こんな生き方ステキだな。やってみたいな。実現したいな」という「道徳的価値を実現しようとする意志の働き」です。「こんなことをしたい」とか「こんなことを実現したい」といった、現在や未来の生き方への意欲です。

道徳的態度は「こうすればできる。こうしていきたい」という「道徳的行為への身構え」です。例えば、「こんなことを心掛けたい」という態度のことです。

育てたい道徳性の諸様相に応じて、必要になる発問は変わります。とはいえ、授業中、子どもは、道徳的判断力と道徳的心情、道徳的実践意欲と態度などが絡み合って思考すると考えられるので、個々の道徳性の諸様相と発問を厳密に対応させる必要はありません。重要なのは、道徳性の諸様相を育てるという目標のために道徳科の発問を組み立てるということです。

道徳科の「見方・考え方」と発問

道徳科の「見方・考え方」

これまで道徳性の諸様相について説明してきましたので、ここでは、道徳性の諸様相を育てるための道徳科の学習活動について説明します。

新学習指導要領では、各教科等を学ぶ本質的な意義の中核をなすものとして「見方・考え方」が挙げられています。「見方・考え方」は「深い学び」の鍵となるとも言われています。他教科にはそれぞれの教科に固有の「見方・考え方」があるように、道徳科の学習活動では、道徳科の固有の「見方・考え方」を働かせる必要があります。

道徳科の学習指導要領は2015年に他教科等に先行して改訂されたので、道徳科の「見方・考え方」は、現行の学習指導要領にはまだ反映されていません。しかし、道徳科の「見方・考え方」について全く議論がなされなかったわけではありません。2016年8月に出された中央教育審議会の「考える道徳への転換に向けたワーキンググループにおける審議の取りまとめについて（報告）」では、次のように書かれています。

道徳科における「深い学び」の鍵となる「見方・考え方」は、今回の改訂で目標に示されている、「様々な事象を、道徳的諸価値の理解を基に自己との関わりで（広い視野から）多面的・多角的に捉え、自己の（人間としての）生き方について考えること」であると言える。

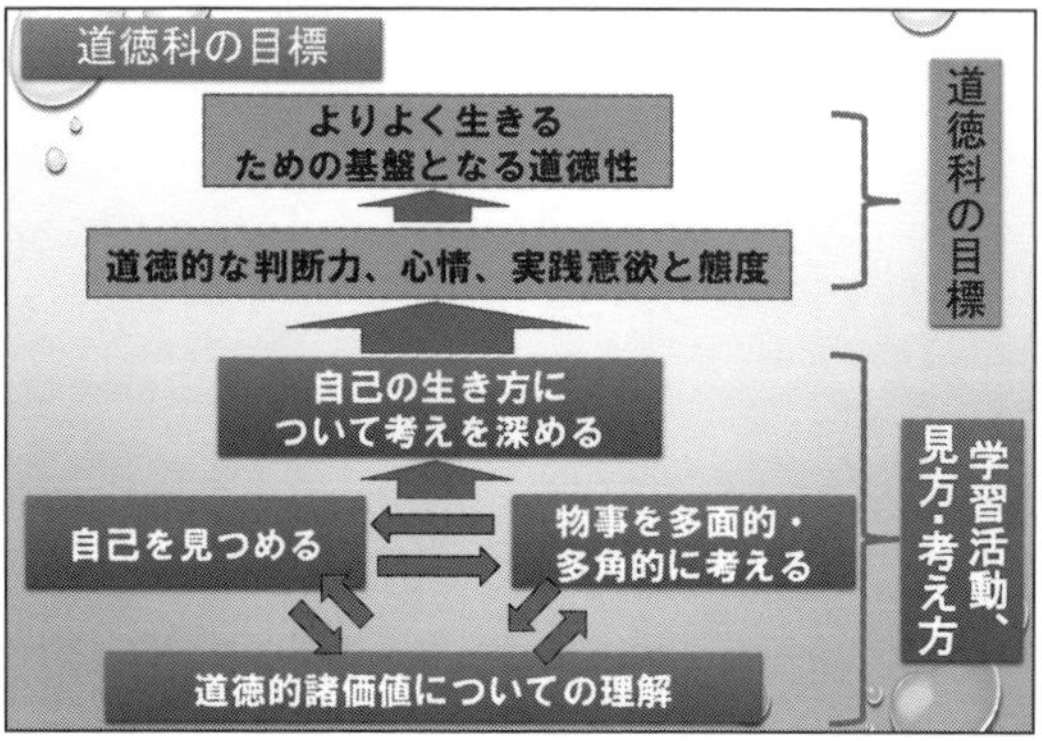

つまり道徳科の見方・考え方は、目標に示される道徳科の学習活動に当たる部分とほぼ重なり、「道徳的諸価値の理解を基に考える」「自己を見つめる」「物事を多面的・多角的に考える」ことを通して、「自己の生き方についての考えを深める」ことです。

ところで、「見方」とは、教科で身に付ける知識・技能等を統合及び包括する「キーとなる概念」であり、「考え方」とは、教科ならではの認識や思考、表現の「方法」のことです。道徳科の場合、「キーとなる概念」は道徳的価値であり、「方法」は「自己を見つめる」と「多面的・多角的に考える」ことです。それゆえ、道徳科における「見方」と「考え方」は、それぞれ次のようになるでしょう。

道徳科における「見方」とは、自己の生き方や様々な事象を、（例えば思いやりなどの）「道徳的諸価値という視点で捉える」ことです。一方、道徳科における「考え方」とは、自己の生き方や様々な事象（物事）について、上述の道徳的諸価値という「見方」を基に、「自己を見つめ」「多面的・多角的に考える」ことです。

以上の「見方」と「考え方」をどのように発問づくりに生かせばよいでしょうか。「道徳的諸価値の理解を基に考える」「自己を見つめる」「物事を多面的・多角的に考える」の三つの学習活動に分けて説明します。

道徳的諸価値の理解を基に考える

「道徳的諸価値の理解を基に考える」ことについては様々な捉え方が可能ですので、整理しておきます。「道徳的諸価値の理解を基に考える」とは、大きく二つの解釈が可能です。

①授業を行う前に子どもがもっている道徳的諸価値についての理解（前理解）
②授業を通して新しく獲得した道徳的諸価値についての理解

子どもは道徳授業を受ける前にもこれまでの経験から「思いやりって○○だな」という「前理解」をもっています。しかし、子ども本人が前理解をはっきりと意識しているとは限りません。そのため、子どもが前理解を意識できるようになることは大切です。そこで、前理解を「基に」考えるというのが、①の捉えです。

もちろん、①の捉えが間違っているわけではありません。子どもがすでにもっていた自分の前理解をはっきりと意識できるようにする授業にも意義はあります。しかし、道徳科の授業でも「深い学び」が必要なのであれば、②の捉えのように、授業で子どもが気づいていなかった新しい気づきを獲得することも大切でしょう。この点について小学校解説には「道徳的価値について理解する学習を欠くことはできない」と書かれています。

では、「道徳的諸価値の理解」とは何でしょうか。小学校解説によれば、「道徳的諸価値の理解」には、「友情は大事だ」と価値について理解をすること（価値理解）や、「友情は大事だけれど、実現するのは難しい」という難しさや人間の弱さなどを理解すること（人間理解）、「友情についてはそれぞれ多様な考え方があるんだ」と他者の多様な考え方を理解すること（他者理解）があるとされています。「価値理解」の学習は、後で見るように道徳的諸価値の意味と意義について考えることで深まります。つまり、価値理解は「物事を多面的・多角的に考える」学習活動と重なることで深まるのです。

自己を見つめる

道徳科の学習で道徳的諸価値の理解は不可欠です。しかし、それだけでは不十分であり、道徳科の学習には「自己を見つめる」ことも不可欠です。では、道徳科で「自己を見つめる」ことはなぜ大切なのでしょうか。

例えば、社会科の場合、社会的事象の因果関係などを正確に客観的に捉えることが大切です。その際、子ども一人一人の願いや思いといった主観的な感情を一旦わきに置いて、事象を正確に捉えることが望まれる場合もあります。一方、道徳科の場合、後に見るように社会の中である程度共有された（思いやりなどの）道徳的価値の意味を理解する必要はありますが、それ以上に、子ども一人一人「自分は他者に思いやりをもって接することができているか」「自分はその思いやりを実現したいか」などと自己に問うことが必要になります。なぜなら、人間には弱さや欲望があるので、善い・正しいと理解したことをそのまま実行できるとは限らないからです。だからこそ、道徳科の学習では、道徳的諸価値の理解（思いやりとはどういうことか）にとどまらず、自己認識（自分はそうした思いやりをもって他者に接することができているかどうか。はたして自分はそうした思いやりをもって他者と接したいと思っているかどうか）を深める必要があります。

○自己を見つめる必要性…人間には弱さや欲望があり、善い・正しいと理解したことを常に実行できるとは限らないので、自己の弱さや欲望と向き合う必要がある。

「自己を見つめる」学習活動を発問として具体化してみると、「自分はどうかな?」「これまでにどんなことがあったかな?」と登場人物に自分を重ねて自分のことを考えたり、自分の経験を振り返って考えたりする発問になります。

物事を多面的・多角的に考える

「物事を多面的・多角的に考える」については、小学校解説で定義がなされているわけではありません。押谷(2018)は、道徳科において多面的・多角的に考えるための学習活動(発問など)の視点として、本質軸、対象軸、時間軸、条件軸の四つの思考の視点を提唱しています。押谷の定義を基に、筆者なりに整理すると次のようになります。

①本質軸…道徳的価値の本質にかかわる問い
②対象軸…自分の立場、相手の立場、第三者の立場など、誰の視点で考えるかにかかわる問い
③時間軸…以前のことを考える、これからのことを考えるなど、時間にかかわる問い
④条件軸…仮説的に考える、比較して考えるなど、条件や状況を変えて考えるための問い

本書では、この四つの視点を基に、①本質軸を「価値の視点」、②対象軸を「『誰』の視点」、③時間軸を「『いつ』の視点」、④条件軸を「条件の視点」と言い換えた上で、次のように発問の形にしました。

①価値の視点
- 道徳的価値の意味…・思いやりってどういうこと？
- 道徳的価値の意義…・思いやりは何のためにあるの？

②「誰」の視点
- 自己…・自分だったらどう思う？
- 相手…・相手の立場からするとどう？
- 第三者…・主人公はどう思ったのだろう？

③「いつ」の視点
- 過去（経験）…・これまでの自分はどうだったただろう？
- 現在（価値観）…・今の自分はどう思っているか？
- 未来（生き方）…・これからの自分はどうしたいか？

④条件の視点
- 妨げる条件…・なぜ思いやりをもてないの？
- 必要な条件・促す条件…・どうしたら思いやりをもてるの？
- 場所の条件…・ルールを守らなければいけないのは、学校だけ？

①価値の視点

道徳的価値の意味（What：思いやりとは何か?）、道徳的価値の意義（Why：思いやりはなぜ大切か?）を考えます。

②「誰」の視点

子どもが教材の主人公に自分を託して考える、主人公ではない他者の視点で考えるなど、立場を変えて考えます。

③「いつ」の視点

以前はどうだったか（過去）、今の自分はどうか（現在）、これから自分はどうしたいか（未来）など、時間を変えて考えます。

④条件の視点

「妨げる条件」「必要な条件」「促す条件」「場所の条件」など、様々な条件を変えて考えます。「妨げる条件」は道徳的価値の実現を妨げる「阻害《そがい》条件」（自己中心性など）、道徳的価値の実現を促す条件は「促進《そくしん》条件」（視野を広げること、勇気、強い意志など）です。この用語は、村上（1973）から借りています。道徳的価値の実現に「必要な条件」（成立条件）は、例えば思いやりなら「相手の立場に立つ」ことです。友情なら「信頼できる」「対等な関係」「お互いの幸せを願う」ことなどです。

授業の中でこれらの四つの視点を厳密に分ける必要はありません。例えば、「思いやりってどういうこと?」という「①価値の視点」の発問によって、「相手の立場に立つ」という考えが出るでしょう。この考えは、思いやりの実現に「必要な条件」（④条件の視点）でもあります。ですので、先生も子どもも、四つの視点を厳密に区別する必要はありません。あくまで学習活動（発問など）をつくるための視点と捉えてください。

また、上記四つの視点のうちのすべてではありませんが、英語で学習する5W1Hとも対応しています。①

価値の視点については、意味はWhatで、意義はWhy。②「誰」の視点はWho。③「いつ」の視点はWhen。④条件の視点では、場所の条件はWhereで、他にもWhich（どれ）やHow（どのように）と問うこともあります。

以上の四つの視点は、教師による発問として具体化されますが、教師に発問されることを通して、いずれは子どもたち自身が四つの視点で自己に問えるようになることが望まれます。ですので、四つの視点は、教師による発問の視点であるだけでなく、子ども自身による思考の視点でもあるということです。

発問を線で捉える～直観的思考と論理・分析的思考を往還する授業～

授業を組み立てるには、個々の発問を「点」で捉えるのではなく、「線」で捉える必要があります。発問を線で捉えるとは、発問同士のつながりを考えて授業を組み立てるということです。

発問を線で捉えることについて、岩崎（2023）は「直観的思考から論理的思考へ」と述べています。道徳科においても、押谷（2018）は「直感的思考」から「分析的思考」へと進めていくと述べています。

本書では、直観（直感）的思考と論理・分析的思考を往還する授業にするために、次の二種類の往還を意識して発問を組み立て、授業をつくります。

（1）抽象と具体を往還すること
（2）価値と自己を往還すること

抽象と具体を往還する

まず、抽象と具体を往還させることを意識して、発問を組み立てます。基本的には、具体→抽象→具体という順序が子どもの思考を流れに沿っていると言えます。

例えば、「善悪の判断、自律、自由と責任」の道徳的価値を扱う授業の場合、「よいこととは何か？」といきなり問いかけ、授業中常に抽象的に考えることはしません。導入で、子どもの経験を想起させたり、教材に描かれている場面における登場人物の心情や判断について考えたりし、具体的に考えることからはじめます。

しかし、教材に描かれる場面での登場人物の心情や判断について考えることに終始してしまうと、授業でもった考えを教材の場面と同じような生活場面にしか適用することができません。思考を抽象化しなければ、子どもが自分の生き方についての考えを深めることにはなりません。

はじめは登場人物の具体的な心情や判断について考えるのですが、そこから徐々に抽象化することで、（よいことと悪いことという）道徳的価値についての一般的な理解に気づきます。この抽象化の過程を経ることによって、（よいことと悪いことという）道徳的価値についての一般的な理解を基に、教材とは異なる他の具体的な生活場面に広げて考えたり、自分の経験や価値観を振り返ったりすることが可能になります。そのため、**具体→抽象→具体**という流れを意識して、発問を組み立てることは効果的だと言えます。

例えば、実践編の低学年「ぽんたとかんた」の「発問の組み立て2」（56ページ）で見てみます。

発問❶の「どうしてかんたは、『ぼくも行かない。』と決めたのか？」という発問によって、子どもは「ぽんたが『ぼくは行かないよ。』と言ったから、一人だと心配になった」「裏山に入ってはいけないことを忘れていた。大きな声で思い出した」などと答えています。この「一人だと心配になった」「裏山に入ってはいけない」

「大きな声で思い出した」などは、教材の特殊な場面に限定された考えにすぎず、まだ抽象化されていません。しかし、その後の「ぽんたの大きい声のおかげで、行かないって決めたんだ?」という教師による問い返しによって、「ぽんたの大きな声で気づいたけど、その後は自分で考えて決めた」という考えが引き出されています。「ぽんたの大きな声で気づいた」はまだ教材の特殊な場面を表現していますが、「自分で考えて決めた」という考えは善悪の判断について抽象化された思考ということができます。

このように抽象化された思考を経なければ、「ぽんたとかんた」という特定の教材に描かれたぽんたとかんたという特定の登場人物の心情や判断について考えるだけで、授業が終わってしまいます。この授業では、「自分で考えて決めた」という抽象化された思考を経たからこそ、「二人はどうやって〝つい〟を減らしていったんだろうね? みんなは、どうすれば、〝つい〟を止められると思ったかな?」という最後の発問につながります。教材の場面で心情や判断を具体的に考え、抽象化したことで得られる「自分で考えて決めた」という一般的な価値理解があってこそ、子どもはその一般的な価値理解を基に自己を見つめることができます。

ただし、具体→抽象→具体を固定的な学習指導過程と考える必要はありません。登場人物の具体的な心情や判断について考える一つの発問によっても、一定の抽象化は起きる可能性があります。そこからもう一度具体的な心情や判断に戻って考えるというように、個々の子どもの内面にある思考の流れの中では、実際には抽象と具体の往還が起こっていると考えられます。

価値と自己を往還する

道徳科の授業では価値と自己の往還も意識したいです。これについては、基本的には、自己→価値→自己の流れが効果的です。村上(1973)は、「自己から出発して自己に還るという一線を引く」と述べています。

つまり、**自己→価値→自己**という思考のつながりを主張しているわけです。

前述した通り、道徳科の学習では、自己から出発すると言っても道徳的諸価値の視点は不可欠です。しかし、道徳科の目標は、単に道徳的諸価値を知的に理解するだけではなく、道徳的諸価値の視点を基に自己を見つめることで、自己の生き方についての考えを深めることなので、価値と自己を往還することが求められます。

そこで、導入では、自分の経験を想起するなどして、授業で考える価値と自己を結び付ける。展開では、教材を通して一定の価値理解を獲得したり、その価値理解を評価したりする。その上で、価値理解を基にこれまでの自己の生き方を振り返ったり、これからの自己の生き方を展望したりする。この授業の流れが道徳科の基本的な学習指導過程だと言えます。

ただし、これもあくまで基本的な学習指導過程に過ぎず、必ずしも固定的に捉える必要はありません。一般的な価値理解に気づいた際にも、教師の発問か自問自答であるかはともかく、子どもは「でも、自分はできている?」「自分はどう思う?」「自分はどうしたい?」などと自己を見つめることもあるからです。

以上のように、実践編では、抽象と具体の往還、価値と自己の往還という二つの往還のイメージをもって発問を組み立てていきます。

テーマを追求する学習

テーマを追求する学習とは?

発問を組み立て、学習指導過程をつくる枠組みとして「テーマを追求する学習」を提案します。

「テーマを追求する学習」とは、「テーマ」と「問題」でつくる1時間の道徳科の授業の学習のプロセスです。導入や展開のはじめに設定される「テーマ」や「問題」を追求していく学習です。

道徳科の授業において「テーマ」と「問題」という言葉を、以下のように定義づけました。

○テーマ…1時間の授業を通して追求していく問い。子どもの生活、社会的な課題などから問題意識を高め、道徳科の内容項目に関連付けて設定する。

○問題　…授業の展開部分で追求していく教材からの問い。教材を読み、心に残ったことや疑問などの感想を交流した後、子どもの問題意識に沿って設定する。

「テーマを追求する学習」では、導入で示した「テーマ」に対して、教材から生まれる「問題」を話し合い、考えを深めながら、追求します。「問題」は、この本では「発問❶」に当たります。

導入では、子どもの問題意識と、教師が考える主題とを重ねながら、「テーマ」を設定します。

展開では、教材の範読後、子どもの心に残ったことや気になったこと、考えたいこと、疑問などの感想を話し合いながら、みんなで考える共通の話題として「問題（発問❶）」を設定し、子どもと共有します。「問題（発問❶）」に対し、ノートに書いたりICTツールを用いたりしながら、自分の考えをもち、ペアやグループ、訪ね歩き（立ち歩いて話し合いたい人と自由に交流する）などの活動も取り入れ、対話をします。

教師は、子どもの追求の過程を大事にし、子どもの反応に寄り添いながら、発問❷などの追発問を投げかけたり、問い返しをしたりしながら考えを深め、テーマに対して追求します。

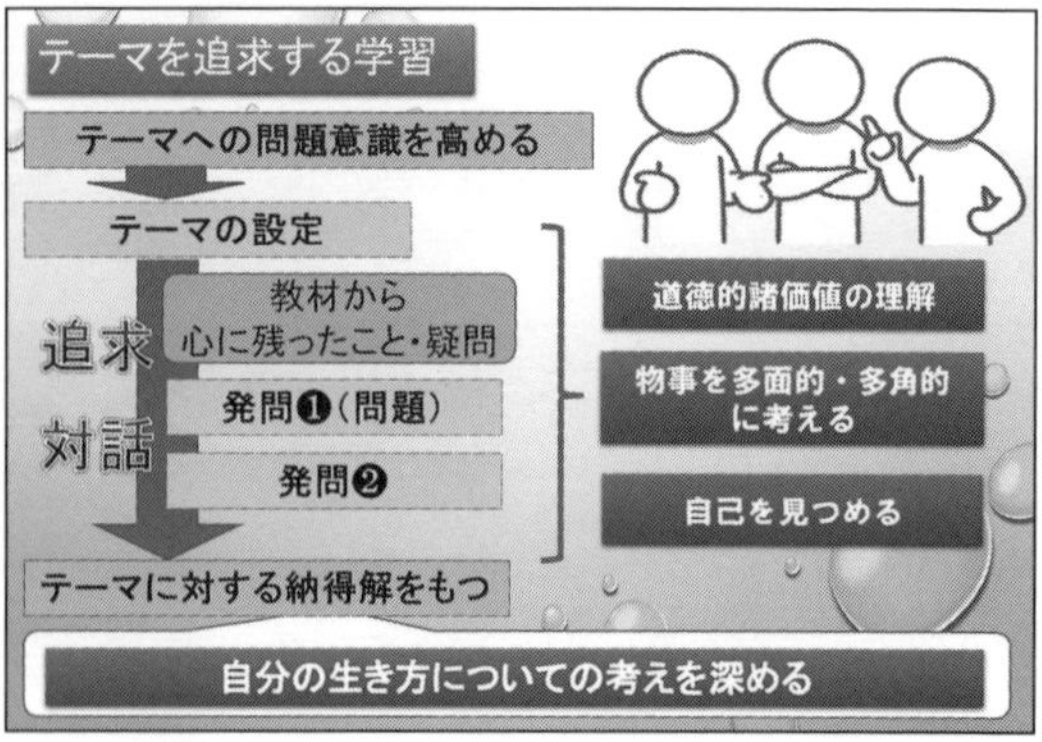

終末では、「テーマ」に対して考えをもったり話し合ったりして一人一人が納得解をもてるようにします。

「テーマを追求する学習」では、導入でテーマを設定する際に、道徳的価値に対する一人一人の感じ方や考え方を話し合ってみたり、展開で問題に対して対話していく中で問い返しや、追発問をしたりすることで、「道徳的諸価値の理解を基に考える」「自己を見つめる」「物事を多面的・多角的に考える」といった見方・考え方を働かせて考えることができるようにします。そして、終末で、テーマに対する納得解をもつことで「自己の生き方への考えを深める」ことができるようにします。

発問❶で拡散させ、発問❷で自分の価値観の再構成を目指す

テーマを追求する学習では、発問❶によって子どもの考えを拡散し、発問❷によって話し合いを焦点化していくイメージで発問を組み立てます。

発問❶では、一人一人の考え方や多様な価値観が引き出され、話し合いが膨らみ、拡散的な思考が促されるような発問を設定します。

発問❷では、拡散した思考を選択したりまとめたりしながら、テーマに向かって話し合いを焦点化していきます。登場人物の具体的な心情や判断から抽象化したり、自分の具体的な経験に戻ったりと、「抽象と具体の往還」を促します。また、一定の価値理解を獲得したり価値理解を基にこれまでの自己の生き方を振り返ったり、これからの自己の生き方を展望したりと、「価値と自己の往還」を促します。

テーマを追求する学習のイメージ

例えば、テーマを追求する学習を、実践編の中学年「金色の魚」の「発問の組み立て1」（92ページ）でイメージすると以下のようになります。

①導入：テーマを設定する

導入では「『わがまま言うんじゃないの！』って、言われたことはある？」と投げかけ、経験を想起させます。多くの子の共感から、問題意識を高め、テーマ「わがままって、どういうこと？」を設定します。

②展開：教材を読んで感想を話し合い、問題を明らかにする

教材の範読後、子どもたちの心に残ったことや疑問などの感想を聞きます。子どもたちは「おばあさんがひどい！」「なんでこんなにわがままなの？」などと話しました。そこで、「でも、金色の魚は願い事を叶えてくれると言っているよね？　願い事を叶えてもらうのはわがままなの？」とゆさぶり、問題意識を高めます。

③展開：発問❶、発問❷について話し合う

発問❶「あなたは、おばあさんはどこからがわがままだったと思うか？」を投げかけます。

（ア）何ももらわない　（イ）桶　（ウ）お金持ち　（エ）海の女王　（オ）その他

から選び、話し合います。

（イ）「金色の魚に出会えただけでもいい。何ももらわなくていいよ！」
（ウ）「1個はお礼をもらっていい。2個もらおうとするのがわがまま」
（ウ）「桶から急に大変なことを頼みすぎ！　お金持ちはわがまま」
（エ）「完全にわがまま。暴走している!!」

など、一人一人の価値観を話し、対話は拡散します。

発問❷では「なぜ、おばあさんは暴走してしまったのか？」と投げかけ、「みんなもおばあさんみたいに『もっと、もっと』って気持ちになることもあるんじゃないの？」と、自分の生活に結び付けます。発問❷では具体と抽象や価値と自己の往還を促します。

④終末：テーマに対して、納得解をもつ

導入で示したテーマ「わがままって、どういうこと？」に戻り、自分の考えを書いて納得解をもちます。

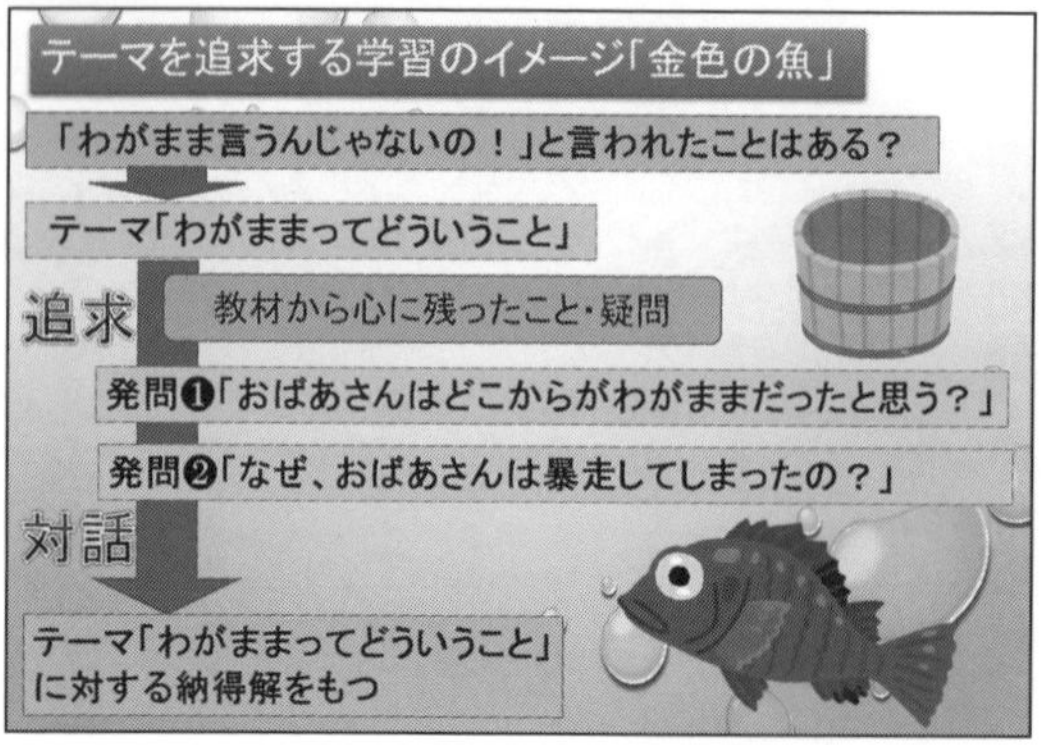

理論編2

小学校道徳の
発問を組み立てる
ポイント

3×2＝6タイプの発問

自己の生き方についての考えを深めるための授業づくりの必要性

理論編1では、多面的・多角的に考えるための四つの視点を提案しました（19ページ）。この四つの視点は、道徳科であればどんな授業にも活用できる思考方法を網羅したと言っても過言ではありません。理論編2では、特に「自己の生き方についての考えを深める」ための授業を重視し、発問の組み立てを提案します。

従来の多くの道徳科の授業では、道徳的諸価値についての理解を基に自己を見つめることが目指されていたとしても、しばしば道徳的諸価値を理解することにとどまり、自己の生き方についての考えを深めることができていないことが多かったように思います。そもそも、自己の生き方についての考えを深めるために、どんな学習活動（発問など）を設定したらよいのかがわからないということがあると思います。たしかに、一定の価値理解の獲得を目指すことが大切なことはこれまでも述べてきた通りです。しかし、「道徳的諸価値についての理解を基に」「自己の生き方についての考えを深める」ことが道徳科の目標であるならば、「道徳的諸価値についての理解」だけではなく「自己の生き方についての考えを深める」ことを目指す必要があると、本書では主張します。そこで、理論編2では、一定の価値理解を越えて、「自己の生き方についての考えを深める」授業をつくるための発問の組み立て方を説明します。

「自己の生き方についての考えを深める」授業づくりのためには、すでに挙げた多面的・多角的に考えるための四つの視点の中でも、特に重要な視点がいくつかあります。

①価値の視点、つまり「自己の生き方や様々な事象を、道徳的諸価値という視点で捉える」ということは、前述した通り、道徳科の見方にとってなくてはならない視点です。ですので、道徳科の授業では、どんな授業であっても欠かすことはできません。

しかし、④条件の視点のうち、例えば場所の条件の視点はどの授業でも絶対に必要というわけではありません。この場所の条件の視点を活用した授業は、「道徳的判断力」すなわち「人間として生きるために道徳的価値が大切なことを理解し、様々な状況下（その中でも特に、様々な場所）において人間としてどのように対処することが望まれるかを判断する力」を育てることを重視した授業になります。この道徳的判断力を育てる授業については、『道徳的判断力を育む授業づくり』（髙宮・杉本、２０２２）で詳しく論じましたので、そちらをご覧ください。

本書は、「自己の生き方についての考えを深める」という目標を重視した道徳科の授業のつくり方に焦点化して説明します。

「自己の生き方についての考えを深める」ための授業を構想するなら、②「誰」の視点のうちの「自己」の視点や③「いつ」の視点によって過去の自分の経験、現在の自分の価値観、未来の自分の生き方を考える学習活動が必要になるでしょう。そこで本書では、自己の生き方についての考えを深めることを重視した授業づくりのための、３×２＝６タイプの発問を提案します。

「価値認識」「自己認識」「自己展望」の三つの視点

本書で提案する３×２＝６タイプの発問は、荊木（２０２０、２０２１）が提唱した「価値認識」「自己認識」「自己展望」という三つの視点による授業づくりに依拠しています。荊木による三つの視点の定義は次の通りです。

価値認識…道徳的価値の新しい面に出会ったり、矛盾する価値を衝突させたりして、道徳的価値を再構成して捉え直す視点
自己認識…自分との関わりで捉え直した道徳的価値を含む世界について、「自分はどう考え、評価するのか」を省みる視点
自己展望…人間としての自己の生き方を展望しながら、道徳的価値の実現に必要な条件を考えたり、実践への糸口や手がかりを見出したりして、内面で〝密かなる決意〟を温める視点

本書では、荊木による以上の説明に基づきつつ、次のように三つの視点を再定義することにします。

価値認識

価値認識とは、道徳的価値の意味や意義などについての認識を深めることです。
ここではまず、なぜ「価値理解」ではなく「価値認識」なのかという点について、荊木自身の説明を見ておきます。荊木（2021）は中学校学習指導要領解説道徳編（以下、中学校解説）に依拠しながら、道徳的価値の理解とは「価値の意味を明確に捉えること」であるが、それだけにとどまらず、「自己との関わりの問い直し」や「複数の価値が対立する場面における心の葛藤や揺れ」、さらには「判断・選択とその結果を通して、道徳的価値の本当の理解が始まる」と述べています。言いかえると、「価値理解」は「道徳的価値の特徴や具体例の把握」であるのに対して、「価値認識」は「価値の客観的な理解のみならず、自己との関係性、自分にとっての重要性をも加味した主体的な把握」だとしています。

道徳的価値についての認識を深めるので、19ページに示した多面的・多角的に考えるための四つの視点のうちでは、①価値の視点で「思いやりってどういうこと?」(意味)、「思いやりは何のためにあるの?」(意義)と考えることが重要です。しかし、④条件の視点のうち、必要な条件の視点で「どうしたら思いやりをもてるの?」と考えることも重要です。例えば、「思いやり」の実現にとっての必要な条件(思いやりの成立条件)は「相手の立場に立つ」ことです。また、「深い友情」を育むために必要な条件(深い友情の成立条件)は「信頼」です。「必要な条件」を考えることが道徳的価値の認識を深めることにつながります。

実際の授業では、教材の具体的な場面を通して考えることが多いので、発問としては、教材の登場人物の判断や心情の理由などを問うことで、道徳的価値の認識を深めます。

また、教材の中に衝突し合う価値理解が含まれている場合には、二つの価値観を衝突させる発問も有効です。価値観を衝突させるとは、教材に含まれている対立・衝突し合う二つの価値理解について、賛否や是非を問うことです。同じ価値同士の重みが対立・衝突する場合もありますし、異なる価値が対立・衝突する場合もあります。価値葛藤やモラルジレンマと言われることもあります。例えば、100ページに実践事例が掲載されている「絵はがきと切手」であれば、「友達だから、相手のこれからのために教えてあげたい」と「友達だから傷つけたくない」という二つの衝突し合う価値理解について賛否や是非を問います。それゆえ、「(お礼だけ伝えると料金不足を伝えるでは)どちらがよい友達か?」と発問しています。

自己認識

自己の生き方についての考えを深めることを重視した授業づくりにおいては、価値認識だけにとどまることなく、これから説明する自己認識と自己展望が重要になります。

自己認識とは、自分の価値観を認識することです。それゆえ、19ページに示した多面的・多角的に考えるための四つの視点のうちでは、②「誰」の視点のうちの自己の視点（自分だったらどう思う？）から問うことになります。教材や教材の人物の行動や心情を「自分はどう考えるか？」と直接問います。また、教材の登場人物に託して考える発問も考えられます。例えば、160ページに実践事例が掲載されている「青の洞門」で、「了海にとって、洞門を掘り続けることにどんな意味があるのか？」と問う発問です。

また、③「いつ」の視点からだと、過去（経験）の視点（これまでの自分はどうだっただろう？）と、現在（価値観）の視点（今の自分はどう思っているか？）を問うことが考えられます。

自己展望

自己展望とは、人間としての自己の生き方を展望することです。それゆえ、自己認識と同様、19ページに示した多面的・多角的に考えるための四つの視点のうちでは、②「誰」の視点のうちの自己の視点から問うことになります。ただし、これも自己認識の場合と同様、「自分はどう考えるか？」「自分はどのように生きたいか？」と直接問う発問だけでなく、教材の登場人物に託して考える発問も有効です。例えば、110ページに実践事例が掲載されている「ブラッドレーのせいきゅう書」で、「あなたがブラッドレーだったら、今後どうしていくだろう？」という発問がその例です。

また、③「いつ」の視点からだと、未来（生き方）の視点（これからの自分はどうしたいか？）を考えます。

自己の生き方についての考えを深める授業なのに、なぜ教材が必要なのか？

もしかすると、「自己認識や自己展望が大切だと言うなら、教材を使って道徳科の授業をする必要があるのか？」と疑問に思われる方もいるかもしれません。例えば、教材を用いなくても、「友情とはどういうことか？」と直接考える方が、自己認識や自己展望につながると言えるという考えです。では、教材を使うのはなぜでしょうか。

従来の多くの道徳科の授業では、授業の前半部分で教材に含まれている一定の価値理解を獲得した上で（展開前段）、授業の後半部分では、その一定の価値理解を基に自己の価値観や経験を振り返るという学習活動（展開後段）を行うことが一般的でした。これまで述べてきた通り、本書としても、教材に含まれている一定の価値理解を子どもが獲得することは重要だと考えます。しかし、教材とは、「何十人もの子どもたちが共有できる一つの土俵」（新宮編、1988）であり、自己の心を写し出す「鏡」、道徳的思考を磨くための「砥石」、人生の展望を持つための「地図」ないし「道標」（村上、1973）と見なすなら、教材に含まれている一定の価値理解を獲得させるためだけに教材があるわけではありません。むしろ、教材とは、子ども一人一人が自らの（価値ではなく）価値観を再構成し、生き方を考えるきっかけとならなければなりません。荊木が「価値理解」という用語を避けて「価値認識」という用語を使用するのは、一定の価値理解にとどまらず、自分の価値観として価値を認識する必要があると考えるからでしょう。

では、教材を活用せず、「友情とはどういうことか？」という道徳的価値を直接問う発問を最初から投げかけ、話し合うだけではどうしていけないのでしょうか。それは、子どもの発達の段階を前提にすると、子どもたち一人一人が多様な経験をしてきているため、このような道徳的価値に関する一般的な問いでは対話や議論が必ずしもかみ合わず、拡散して終わりがちだからです。抽象と具体の往還や価値と自己の往還も起きにくいです。

だからこそ、ある特定の場面を教材として子どもに提示する必要があるのです。教材の具体的な場面を「共通の土俵」としながら、子どもたちが対話し議論することを通して、道徳的諸価値を抽象化することを促します。単にその教材に含まれている一定の価値理解を獲得させるだけでなく、教材の場面と自己の経験や価値観とを往還しながら思考することを促します。教材を用いた抽象と具体を往還する学習、価値と自己を往還する学習こそが、一人一人の子どもが「自己の生き方についての考えを深める学習」だと考えます。そのように考えると、「展開前段から展開後段へ」というすでに述べた固定的な学習指導過程に頑なに従う必要はないでしょう。

ある特定の教材を基に考えるための発問にも、その教材に含まれている一定の価値理解を獲得することを重視する発問だけでなく、**教材を基に自分の過去の経験を振り返ったり、教材に含まれている一定の価値理解と自分の現在の価値観とを比較したりするための発問をつくることが望まれます**。荊木による三つの視点はそのような発問づくりの方法を提供してくれます。

「教材から」の発問と「自分の経験から」の発問

価値を認識する発問

- A 教材から価値を認識する発問
（価値を認識する発問・教材）
- B 自分の経験や価値観から価値を認識する発問
（価値を認識する発問・経験）

自己を認識する発問

- C 教材から自分の価値観など自己を認識する発問（自己を認識する発問・教材）
- D 自分の経験や価値観から自己を認識する発問（自己を認識する発問・経験）

これからの自己を展望する発問

- E 教材から自己を展望する発問（これからの自己を展望する発問・教材）
- F 自分の経験や価値観から自己を展望する発問（これからの自己を展望する発問・経験）

本書では、「価値認識」「自己認識」「自己展望」の三つの視点を発問として、「価値を認識する発問」「自己を認識する発問」「これからの自己を展望する発問」としました。さらに、この三つの発問それぞれに、「教材からの視点（教材を基に考える視点）」と「自分の経験からの視点（自分の経験や価値観を基に考える視点）」があると考えました。この二つの視点を導入するのは、「価値認識」「自己認識」「自己展望」の三つの視点を学習活動に具体化する際には、⑴読み物教材等の登場人物の心情や判断について考えることと、⑵子ども自身の経験や価値観を基に考えることの二つが区別されている方が、発問をつくりやすいと考えたからです。

つまり、発問のタイプは、「価値を認識する発問」「自己を認識する発問」「これからの自己を展望する発問」の三つの発問に、「教材からの視点（教材を基に考える視点）」と「自分の経験からの視点（自分の経験や価値観を基に考える視点）」を掛け合わせ、3×2＝6タイプあることになります（高宮、2024）。

第一に、「価値を認識する発問」では、A登場人物の心情や判断を基に道徳的価値について問うこと（「この人はなぜ○○をしたの?」）と、B子ども自身の道徳的価値に関する考え方（「友情とはどういうこと?」）を問うことを分けます。

第二に、「自己を認識する発問」では、C登場人物の心情や判断について判断・評価を問うこと（「この人の行為をどう思う?」）と、D子ども自身の判断・評価を問うこと（「あなたなら、こういう場合にどう思う?」）を分けます。

第三に、「これからの自己を展望する発問」では、E「登場人物はこれからどのように生きていくだろう?」と問うことと、F「あなたはこれからどのように生きていきたい?」と問うことを分けます。

もちろん、「教材からの視点」と「自分の経験からの視点」という二つの視点は厳密に区別できるわけではありません。子どもは、教材を基に考えていても、そこには子ども自身の経験や価値観が反映されるからです。また、その一方で、自分の経験や価値観を基に考えていても、すでに教材を通して理解したり考えたりした価値認識が影響するからです。

3×2＝6タイプの発問例

「価値認識」「自己認識」「自己展望」の三つの視点と、「教材からの視点」「自分の経験からの視点」の二つの視点を掛け合わせることで、6タイプの発問が生まれます。6タイプの発問の例については、実践編に掲載した事例をご覧いただきたいと思いますが、ここでは、実践編の事例を基に典型的な発問例を示します。

なお、すでに述べたように、「教材からの視点」と「自分の経験からの視点」の二つの視点を厳密に区別できるわけではありません。また、「価値認識」「自己認識」「自己展望」の区別についても、発問の順序や子ども自身の思考の流れによって変わってきます。

つまり、第一に、同じ発問などであっても、その発問を配置する順序によって異なった効果が得られると想定されます。同じ発問が児童生徒にとっては自己認識として機能することもあれば、自己展望として機能することもありうるのです。第二に、「価値認識」「自己認識」「自己展望」というのは子どもの思考であり、直ちに発問を意味するものではないことに注意が必要です。つまり、価値を認識する発問、自己を認識する発問、これからの自己を展望する発問といった形として表面に現れる発問と、子どもの内面で行われる思考は必ずしも一致しない可能性があるということです。

このような留保をした上ではありますが、実践編から発問例の一覧を示します。

A 教材から価値を認識する発問（価値を認識する発問・教材）

○心情を考える発問（主に登場人物の気持ちや思い、考えなどを考える発問）

・かんたは、ぽんたを裏山に誘うときどんな気持ちだったか？（「ぽんたとかんた」）

○理由を考える発問（主に登場人物の判断の理由を考える発問）

・なぜ、アドルフたちや農夫は（ヒキガエルやロバの）命を大事にしないの？（「ヒキガエルとロバ」）

○行為の目的を考える発問（主に登場人物の行為の目的を考える発問）

・宇吉郎は、何のために雪の研究を続けたのか？（「天からの手紙」）

○比較する発問（主に複数の登場人物の行為の理由などを考えることで複数の価値理解を比較する発問　※ただし、教材に含まれていない道徳的価値との比較も含む）

・「許す」と「憎む気持ちが消えた」は同じ？（「ブランコ乗りとピエロ」）

○価値観の衝突を考える発問（主に登場人物の行為について賛否、是非などを考える発問）

・（お礼だけ伝えると料金不足を伝えるでは）どちらがよい友達か？（「絵はがきと切手」）

B自分の経験や価値から価値を認識する発問（価値を認識する発問・経験）

○自分の経験や価値観を振り返る発問（自分の経験や価値観をもとに道徳的価値について考える発問）

・友達って、たくさんいることが大事？（「二わのことり」）

C教材から自分の価値観など自己を認識する発問（自己を認識する発問・教材）

○教材のその先を考える発問（教材から延長された場面について考えたり、教材のその後を想像したりする発問）

・お母さんハムスターと赤ちゃんハムスターが会話をしているとしたら、どんなお話をしているだろう？（「ハムスターのあかちゃん」）

○選択（立場表明）、評価する発問（主に登場人物の行為について賛否、是非、評価などを考える発問）

・あなたは、おばあさんはどこからがわがままだったと思うか？（「金色の魚」）

○行為の効用を考える（主に登場人物の行為のメリット・デメリットを考える発問）

・了海にとって、洞門を掘り続けることにどんな意味があるのか？（「青の洞門」）

D自分の経験や価値観から自己を認識する発問（自己を認識する発問・経験）

○自分の経験や生き方を振り返る（主に登場人物の行為を通して自己の生き方を振り返る発問）

・みんなもブラッドレーのようになってしまうことはない？（「ブラッドレーのせいきゅう書」）

E教材から自己を展望する発問（これからの自己を展望する発問・教材）

○教材の登場人物がとりうる行為を想像・選択する発問（主に登場人物のその後の行為を想像することを通して自己の生き方を展望する発問）

・あなたがブラッドレーだったら、今後どうしていくだろう？（「ブラッドレーのせいきゅう書」）

F自分の経験や価値観から自己を展望する発問（これからの自己を展望する発問・経験）

○妨げる条件、必要な条件・促す条件を考える発問（道徳的価値の実現を妨げる条件、道徳的価値の実現に必要な条件、道徳的価値の実現を促す条件を考える発問）

・みんなは、うぐいすや小鳥たちに何が足りないと思っているの？（「二わのことり」）

○心掛けたいことを考える発問（これからの自己の生き方を考える発問）

・「礼に始まり礼に終わる」のは、剣道だけか？　どのような場面で使えるとよいか？（「人間をつくる道―剣道―」）

発問の組み立て方

3×2＝6タイプの発問を組み立てる

直観（直感）的思考と論理・分析的思考を往還する授業にするために、抽象と具体の往還、価値と自己の往還を意識して発問を組み立てます。そのために、「価値を認識する発問」「自己を認識する発問」「これからの自己を展望する発問」の三つの発問に、「教材からの視点（教材を基に考える視点）」「自分の経験からの視点（自分の経験や価値観を基に考える視点）」を掛け合わせ、3×2＝6タイプの発問をバランスよく配置するようにします。

高学年の内容項目B-(7)「親切、思いやり」の教材「バスと赤ちゃん」を用いた授業を基に説明します。

【「バスと赤ちゃん」のあらすじ】

赤ちゃんを連れた母親がバスに乗っていた。満員の車内で赤ちゃんが泣き出し、母親は他の乗客に迷惑をかけると感じ途中下車しようとする。しかし、それに気づいたバスの運転手が母親に声をかけ、車内アナウンスで乗客に母親をこのまま乗せるように呼びかける。

この教材を用いて、同じ学年の二つのクラスにそれぞれ違う発問の組み立てで授業をしました。一つのクラスでは教科書会社の指導書を参考にした一般的な学習指導過程の発問の組み立て、もう一つのクラスでは荊木の「価値認識」「自己認識」「自己展望」を意識した学習指導過程を参考にした発問の組み立てで授業しました。

以下が、主な学習指導過程です。

①一般的な学習指導過程の発問の組み立て	
導入	○思いやりのある人は、どんな人か？ 【B価値を認識する発問・経験】 **思いやりのある人は、どんな人か？**
展開	○心に残ったこと・疑問に思ったことは、何か？ ❶運転手さんは、どんな思いでアナウンスしたのか？ 【A価値を認識する発問・教材】 ❷同じアナウンスするという行為だが、「お母さんを思ってした」「仕事だからした」「嫌々した」と、思いによって何か違うのか？ 【A価値を認識する発問・教材】
終末	○思いやりをもって人に接することが、できたことはあるか。 【D自己を認識する発問・経験】

②「価値認識」「自己認識」「自己展望」を意識した学習指導過程の発問の組み立て	
導入	○思いやりのある人は、どんな人か？ 【B価値を認識する発問・経験】 **思いやりのある人は、どんな人か？**
展開	○心に残ったこと・疑問に思ったことは、何か？ ❶運転手がアナウンスしたのは親切だと思うか？ 【C自己を認識する発問・教材】 ❷母親・運転手・お客さんは、それぞれどんな思いか？ 【A価値を認識する発問・教材】
終末	○あなたがこの話の登場人物ならどうしていたか？ 【Eこれからの自己を展望する発問・教材】

導入の発問やテーマ、教材を読んだ後に心に残ったことや疑問に思ったことを話し合うところまでは同じにし、網掛けをしてある展開の発問❶・発問❷、終末の発問を変えました。

		一般的な学習指導過程の発問の組み立て	「価値認識」「自己認識」「自己展望」の学習指導過程の発問の組み立て
導入		【B価値を認識する発問・経験】	
展開	感想	心に残ったこと・疑問に思ったこと	
	発問❶	【A価値を認識する発問・教材】	【C自己を認識する発問・教材】
	発問❷	【A価値を認識する発問・教材】	【A価値を認識する発問・教材】
終末		【D自己を認識する発問・経験】	【Eこれからの自己を展望する発問・教材】

上の表は、「バスと赤ちゃん」の一般的な学習指導過程の発問の組み立てと「価値認識」「自己認識」「自己展望」を意識した学習指導過程の発問の組み立てを左右に並べ、「価値認識」「自己認識」「自己展望」と、「教材からの視点」「自分の経験からの視点」を掛け合わせた3×2＝6タイプの発問で見たものです。

一般的な学習指導過程の発問の組み立てにあるように、多くの教科書会社の指導書の学習指導過程では、この教材だけでなく多くの教材で、展開の発問のほとんどが「A価値を認識する発問・教材」で組み立てられています。また、導入では経験を問い、展開で価値を理解し、終末で経験を問う、道徳科の基本的な学習指導過程となっています。この発問の組み立てがよくないと言いたいわけでは全くありません。これまで実践を積み重ねてきた道徳科の基本的な学習指導過程であり、これからも大事にされていくでしょう。しかし、本書では、この学習指導過程を固定的に捉える必要はないと考えます。

「価値認識」「自己認識」「自己展望」を意識した学習指導過程の発問の組み立てでは、発問❶で「運転手がアナウンスしたのは親切だと思うか？」（【C自己を認識する発問・教材】）、発問❷で「母親・運転手・お客さんは、それぞれどんな思いか？」（【A価値を認識する発問・教材】）を投げかけます。これは道徳的価値の理解（道徳的価値の特徴や具体例の把握）にとどまらず、道徳的価値認識（価値の客観的な理解のみならず、自己との関係性、自分にとっての重要性をも加味した主体的な把握）や自己認識（自分の価値観を認識する）をさせる意図があります。終末では、「あなたがこの話の登場人物ならどうしていたか？」（【Eこれからの自己を展望する発問・教材】）を投げかけます。テーマである「思いやりのある人は、どんな人か？」について考えをもつだけでなく、自分の考える思いやりを教材の場面でどう発揮するかを考え、自分の生活の似た場面に適用できるように、実践への糸口や手がかりを見出し、内面で〝密かなる決意〟を温めることを意図しています。

発問の組み立てによって子どもの考えにどんな違いが現れるか？

前述した通り、同じ学年の一つのクラスでは一般的な学習指導過程の発問の組み立ての授業を、もう一つのクラスでは「価値認識」「自己認識」「自己展望」を意識した学習指導過程の発問の組み立ての授業をしました。発問の組み立て方によって、授業での子どもの発言や振り返りの記述にどんな違いが現れるのかを比較します。

①一般的な学習指導過程

【特徴的な対話の様子】

T　バスの運転手さんは、どんな思いでアナウンスをした？
C　お母さんが大変そうだったから、楽になってほしいという思いでアナウンスした。
C　アナウンスしなかったら、モヤモヤ嫌な気持ちになる。
C　みんなが優しければアナウンスは必要ないのに。なぜ、赤ちゃんにイライラするの？

【振り返りの記述】

・思いやりって、自分の当たり前のこと。普段の優しさを人に向けること。自分ではわからないけれど、相手が思いやりを感じるようなのが思いやりだと思う。
・思いやりは、心から思ってやることだと思った。
・思いやりとは、普段から人の思いを自分なりに考えて、相手の大変なことをなくし、楽にすること。でも、普段から人の

T　アナウンスを「お母さんが楽になってほしい」って気持ちと「仕事だから」って気持ちと、「自分がモヤモヤしたくない」って気持ちでするのは、同じ？　違う？

C　「仕事だから」「自分のため」だと思いやりじゃない！

C　たぶん運転手さんには仕事はみんなが気持ちよくなるためにするって思いがある。だから、こういうことができる。

C　運転手さんにとっては、普段からしていることなんだよ。

C　そうそう。運転手さんとしてではなく、人としてやった。

思いを考えていなかったら思いやりにならないと思う。

・自分が思いやりをしているのかわからないのは、自分が気づかないで当たり前のようにやっているからだと思う。誰かがいじめられていたら、ただ見ているだけでなく声をかける。思いやりだからするのではなく、当たり前。

一般的な学習指導過程の発問の組み立てでは、授業の話し合いで出された話題を中心に価値認識を深めている対話の様子や振り返りの記述が見られました。学級全体で一つのキーワードから納得解を紡ぎ、練り上げていくような授業が展開しました。振り返りには、授業中の話題にも多く上がった、「心から…」や「当たり前にできること…」と思いやりに対する自分の考えの深まりについての記述が多く見られました。

②「価値認識」「自己認識」「自己展望」を意識した学習指導過程

【特徴的な対話の様子】

T　運転手さんのアナウンスは親切だと思う？

C　抱っこして歩くのは大変。お客さんを納得させようとした。

【振り返り記述】

・思いやりのある人は、人を悲しい気持ちにさせない人。私がバスの運転手だったら泣いたらすぐアナウンスして、お母さ

C　気づけない人だったら、何も考えずに、お母さんと赤ちゃんをバスから降ろしていた。だから、親切だと思う。

C　小声では伝わらない。アナウンスするなんて勇気がいる。

C　でもさ、お客さんの中には、迷惑だと思っている人もいたんじゃない？　一人のためでいいの？　お客さんのためは？

C　お母さんがみんなのことを考えている。決断したから、降ろした方がいい。アナウンスされて困っているかも。

C　相手がどう思うかで親切かどうかは決まる。

C　思いやることはできるけど、それが相手のためになるかわからないじゃん！　親切って、すごい難しくない!?

「価値認識」「自己認識」「自己展望」を意識した学習指導過程の発問の組み立てでは、教材の場面に自分を投影させたり、自分の生活を関連させたりして、自分の価値観を表出して話し合いました。それぞれの子がバラバラに違う考え方をもち、自分の価値観を鋭く尖らせて、自分の価値観からの判断を磨いていくように授業が展開しました。振り返りには、それぞれの子どもが思いやりを、どう適用させるかを記述しました。教師の見取りからも、その子の人柄が表れていると思える記述が多かったです。

- 思いやりのある人は人の気持ちを考えられて、困っている人を見たらすぐに行動できる人。もし自分がお母さんだったら、運転手さんに聞かれても、伝えられずにバスから降りる。見た目が優しい運転手さんでも本当に優しいのかはわからないから。自分から声をかけるのは難しいと思った。
- 思いやりのある人は一人ではなくみんなのために行動する人だと思う。自分だったら、お客さんに聞いて、みんなが賛成してくれたら乗せてあげたい。でも、何も考えずにバスから降ろしてしまうのは違う。

発問は子どもたちと共に組み立てる

発問の組み立てによって子どもの思考は変化します。どちらの学習指導過程も直観（直感）的思考と論理・

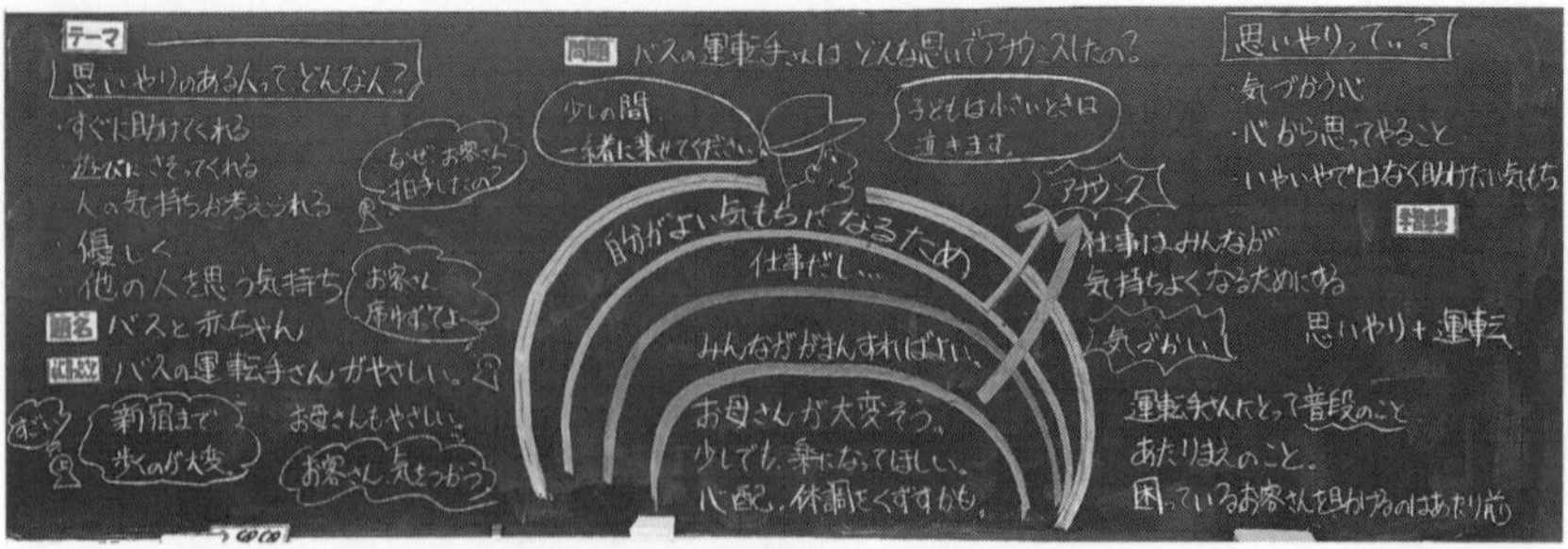

一般的な学習指導過程での授業の板書

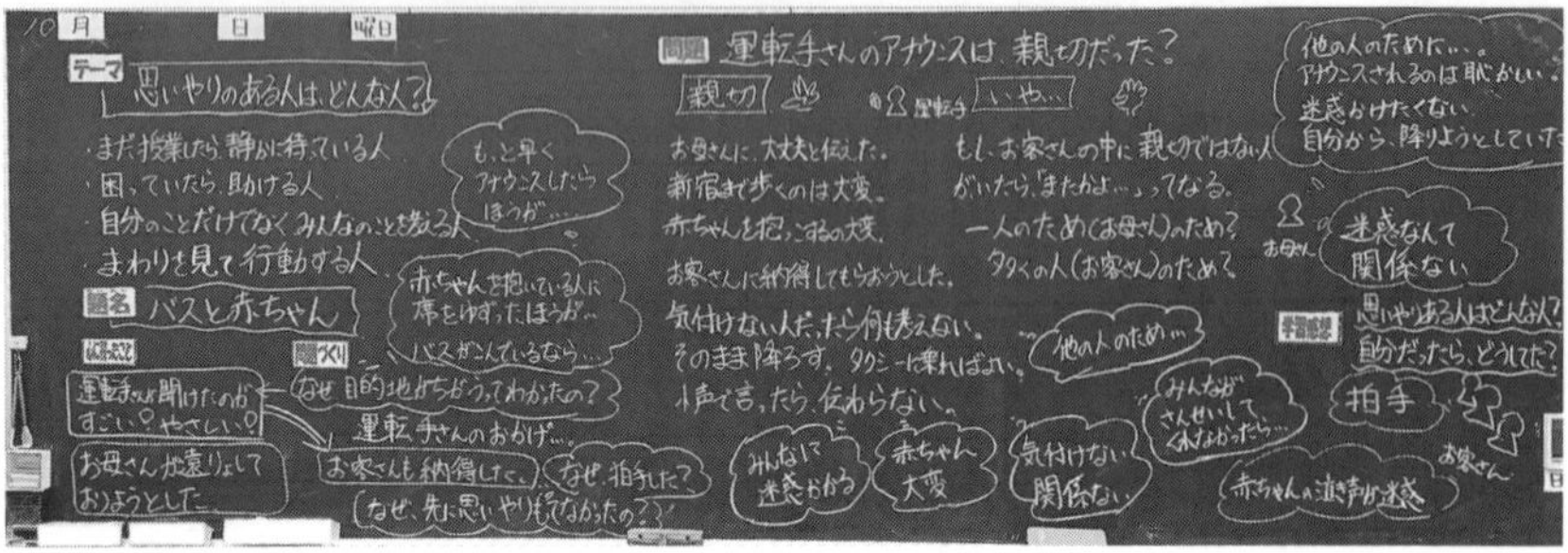

「価値認識」「自己認識」「自己展望」を意識した学習指導過程での授業の板書

分析的思考を往還する授業を意識していますが、「価値認識」「自己認識」「自己展望」を意識した学習指導過程では、より子どもたちが自己を見つめて考えています。

「価値認識」「自己認識」「自己展望」を意識すると発問のバリエーションの幅が広がり、子どもの思考に沿って発問を組み立てられます。

しかし、発問の組み立てを意識するあまり教師が事前に考えてきた授業展開を子どもたちに押し付けるようなことがあってはいけません。

発問は子どもたちと共に組み立てていくものです。子どもの言葉をよく聞き、子どもの思考に寄り添いながら柔軟に授業を展開したいです。

発問の組み立ての可能性は広がっています。目の前のクラスの子たちとステキな発問の組み立てが生まれることを願っています。

実践編

2パターンで見る
小学校道徳の
発問組み立て事典

■ぽんたとかんた
■ハムスターのあかちゃん
■ブラッドレーのせいきゅう書
■ブランコ乗りとピエロ
■青の洞門
■二わのことり
■金色の魚
■ヒキガエルとロバ
■人間をつくる道―剣道―
■ロレンゾの友達
■きいろいベンチ
■絵はがきと切手
■天からの手紙

ぽんたとかんた

A -(1)　善悪の判断、自律、自由と責任

教材のあらすじ

友達のぽんたとかんたは、公園で遊んでいる。かんたは、ぽんたが止めるのも聞かず、入ってはいけない裏山へ入っていく。ぽんたはじっと考えて、「ぼくは行かないよ。だってあぶないから。」と大きな声で言う。かんたも、自分で考え、裏山に行かないことに決める。

教材を生かすポイントと発問例

低学年の担任ならば「だって、○○さんも…」という言い訳を聞いたことがあるでしょう。低学年の子は、いつも一緒におしゃべりしたり、遊んだりするのがなかよしな友達だと考え、善悪の判断が他律的であるために、悪気なく一緒になってふざけたり、よくないことをしたりします。教材のぽんたとかんたは低学年の実態と重なります。

●教材のポイント

・ぽんたとかんたは、大のなかよし。
・ぽんたは考えて、「行かないよ。だってあぶないから。」と叫ぶ。
・かんたも自分で考えて、裏山に行かないことを決める。

●教材のポイントを生かした発問例

○ぽんたはかんたに裏山に誘われて、どんなことを考えたか？
○ぽんたはどんな思いで大きな声で「行かないよ」と言ったか？
○「へいき、へいき。」と裏山に入っていくかんたはどんな気持ちか？
○どうしてかんたは、「ぼくも行かない。」と決めたのか？

発問の組み立て例

組み立て1

ぽんたの視点で考える発問の組み立てです。

かんたに裏山に誘われて、どうするかを考えるぽんたに自我関与し、行かないと判断をした思いを考えます。テーマの「友達に誘われたら、断ってはいけないの？」について価値認識します。

	発問の組み立て
導入	○この絵を見てどう思うか？ **友達に誘われたら、断ってはいけないの？**
展開	❶**ぽんたはかんたに裏山に誘われて、どんなことを考えたか？** 【A価値を認識する発問・教材】 ○「でもでもトーク」をして（見て）、何か気づいたことやわかったことはあったかな？ ❷**ぽんたはどんな思いで、大きな声で「ぼくは行かないよ。」と言ったか？** 【A価値を認識する発問・教材】
終末	○「友達に誘われたら、断ってはいけないの？」について、どんなことを考えたか？ 【B価値を認識する発問・経験】

組み立て2

かんたの視点で考える発問の組み立てです。

かんたの変容とその理由から、テーマの「どうすれば、〝つい〟を止められるか？」に対して考えます。してはいけないことへのアドバイスを考え、これからの自己を展望します。

	発問の組み立て
導入	○この絵を見てどう思うか？ **どうすれば、“つい”を止められるか？**
展開	○かんたは、ぽんたを裏山に誘うときどんな気持ちだったか？ ❶**どうしてかんたは、「ぼくも行かない。」と決めたのか？** 【A価値を認識する発問・教材】 ❷**かんたは、ブランコに乗っているときぽんたにどんな話をしたか？** 【C自己を認識する発問・教材】 ○どうすれば、“つい”を止められるか？
終末	○この絵の６つの「してはいけないこと」で、“つい”が起こらないように、どんなアドバイスをするか？ 【Fこれからの自己を展望する発問・経験】

友達に誘われたら、断ってはいけないの？

A価値を認識する発問・教材 ▶ A価値を認識する発問・教材

こう組み立てる！

発問❶

ぽんたはかんたに裏山に誘われて、どんなことを考えたか？

入ってはいけないと言われている。危ない。でも、友達のかんたには言いづらい。

かんたは行ったことありそう。大丈夫なのかも。ぼくも遊びたいな。いいな。

発問❷

ぼんたはどんな思いで、大きな声で「ぼくは行かないよ。」と言ったのか？

「絶対行かないよ！」って気持ちだったから大きい声が出た。かんたを止めようと思った。

大きい声だったのは、自分が行きそうになっていたから。「ずるい」って気持ちを抑えるため。

こんなときは…

裏山に行くことをぽんたとかんたはどう思っていた？ 役割演技をしてみましょう。

ぽんた「やめようよ！」
かんた「平気！ 平気！ 大丈夫だよ！」
（役割演技、楽しい！ かんた、おもしろい！ 何を考えているんだっけ？）

ぽんたの視点で考える発問の組み立てです。迷う気持ちに共感しながら、友達に対する善悪の判断をどうするか、価値を認識できるようにしていきます。

発問❶では、裏山に誘われ、いけないとわかっていながらも「友達に誘われたから」や「楽しそう」などの思いにゆれるぽんたへの自我関与を促します。

発問❷では、ゆれていたぽんたが悪いことをしないと決め、大きい声で言った思いを考えます。

ステップ1

「でもでもトーク」によって、迷ってしまう理由を考える

発問❶ ぽんたはかんたに裏山に誘われて、どんなことを考えたか？

A価値を認識する発問・教材

T 「でもでもトーク」をしてぽんたの心の中を考えてみよう。右の人が「一緒に行きたい」という気持ちになって、左の人が「行ってはいけない」という気持ちになって、「でも、でも」で話を続けてください。

C （ペアでの活動）

T 前に来て、やってくれる人はいますか？

C ぼくも裏山で遊びたいな。かんただけいいな。

C でも、入ってはいけないと言われている。守らないといけない。

C でも、かんたは行ったことありそう。大丈夫なのかも。

C でも、たまたま大丈夫だっただけ。危ないことが起こるかもしれない。

C でも、かんたはなかよしだから、断っていいのかな？

T 交代してやってみましょう。（複数組繰り返す）

導入では、下の絵を見せました。子どもたちは、「遊びに誘われたのに、断るなんてひどい！」などの考えを話します。そこで、テーマ「友達に誘われたら、断ってはいけないの？」を設定しました。

こっちでいっしょにあそぼうよ！
しないよ！

教材を読むとテーマとリンクするぽんたに注目が集まります。

発問❶では、ぽんたが迷ってしまう理由を「でもでもトーク」で考えます。役割演技では一人が登場人物の誰かになって、即興的に演じることが多いです。「でもでもトーク」では、一人の中にいる天使と悪魔のように相反する二つの考えを、「でも」を使って言い返し合います。葛藤や迷いを実感しながら理解します。

T **「でもでもトーク」をして、何か気がついたことはあった?**
C 絶対に裏山に入ってはいけないと思っていたけど、すごく迷った。
C 入っちゃいそうになる理由がたくさんあった。
T **見ている人は、何かわかったことあったかな?**
C ぼくも友達が楽しそうだったらしたくなる。ずるいって思う。
C かんたが「へいき、へいき」って言うから、大丈夫だと思った。
T **友達のかんたが誘い「へいき」と言っている。信じた方がよいよね?**
C 違う。友達だからって、誘われたら断ってはいけないわけではない。断っていいときと断ってはいけないときがある。ダメなものはダメ。
C もし一緒に裏山に入ったらかんたのせいではなく、自分のせい。
T **でも、みんな「誘われて、断るなんてひどい」って言っていたよね?**

ステップ2
悪いことをしないと決めた思いを考える

発問❷
ぽんたはどんな思いで、大きな声で「ぼくは行かないよ。」と言ったのか?
A価値を認識する発問・教材

C 「絶対行かないよ!」って気持ちだったから大きい声が出た。

役割演技や「でもでもトーク」などは、全員が体験しないと、体験的な活動と言ってよいとは思えません。そこで私は、体験的な活動に取り組むときは、ペアや少人数で全員が取り組む時間を設定するようにしています。また、体験して満足させてはいけません。「してみてどうだったか?」「見ていてどんなことに気がついたか?」などを話し合い、考えることを大事にしたいです。

「友達」というキーワードを用いたり、導入での子どもの発言を、用いたりしながら問い返しました。

発問❷では、迷いに迷ったぽんたが悪いことをしないと決めた思いを考えました。

終末では、テーマの「友達に誘われたら、断ってはいけないの?」について、自分の考えを書いたり発表したりしました。

T　へぇ〜！　だから、大きい声だったんだ？

C　いや、大きい声で言ったのは、自分が行きそうになっていたから。

C　「ずるい」って気持ちを抑えるために大きい声で言った。

C　大きい声だったのはかんたに行ってほしくないからだと思う。

C　自分だけでなくかんたも止めようと思って、大きな声になった。

T　なるほど。「友達に誘われたら、断ってはいけないの？」について、どんなことを考えた？　書いてみましょう。

【でもでもトーク】

葛藤や迷いのある場面の役割演技を、ペアになって全員が体験します。ペアのうち一人がAの役（立場）、もう一人がBの役（立場）となり、相手の意見に「でも…」と返して自分の役・立場の考えを述べます。役（立場）を交代し、どちらの立場も体験することで葛藤や迷いを実感します。

【でもでもトーク】

①2人組でどちらかの立場を選ぶ。
②相手が言うことに対して、何を言われても「でも…」と言い返す。
④立場を変え、どちらも経験する。
⑤みんなの前で行い、見合う。
⑥思ったことを話し合う。

【参考文献】後藤忠「授業の出口（本時のねらい）を鮮明にして〜動きのある『板書』と『補助発問』で迫る〜」『道徳教育』2013年2月号、明治図書

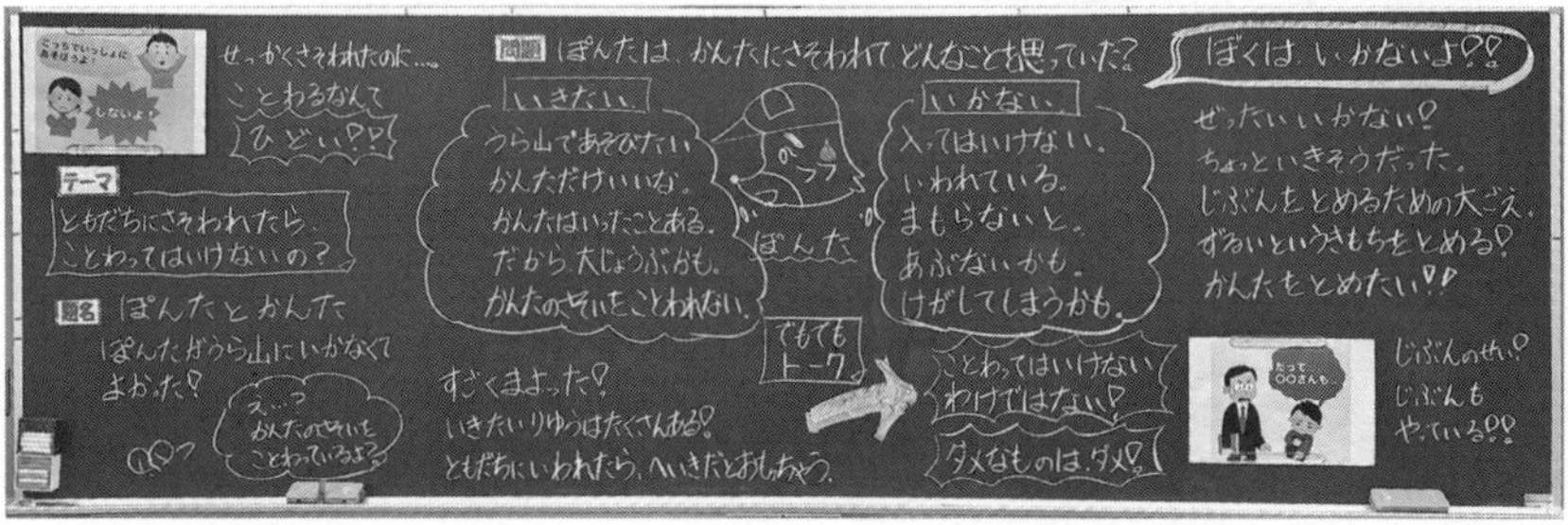

どうすれば、“つい”を止められるか？

A価値を認識する発問・教材 ▶ C自己を認識する発問・教材

こう組み立てる！

発問❶

どうしてかんたは、「ぼくも行かない。」と決めたのか？

ぽんたに大きい声で止められたから。びっくりして行くのを止めた。

楽しそうだから“つい”やっていたけれど、よく考えたら危ない。たまたま危ないことが起こっていないだけ。

発問❷

かんたは、ブランコに乗っているときぽんたにどんな話をしたか？

止めてくれてありがとう。裏山で危ないことが起こったかもしれない。

これからもぼくを止めてね。悪いことをしないように気をつけて、楽しく遊ぼうね。

こんなときは…

ぽんたはどう思っていた？
かんたはどう思っていた？

危ないことが起こらなくてよかった。悪いことをしないでよかった。（ぽんた？　かんた？　どっちのこと聞かれていたんだっけ？）

かんたの視点で考える発問の組み立てです。

発問❶では、かんたが「ぼくも行かない。」といった理由を考え、かんたの変容を考えます。

発問❷では、ブランコに乗っているとき2人はどんな会話をしたかを想像し、自分の価値観を認識できるようにします。

善悪を正しく判断し、よい行動の気持ちよさを感じたかんたの姿から、これからの自己を展望できるようにします。

ステップ1

かんたが裏山に行かないと決めた理由を考える

T　かんたはぽんたに止められていても、楽しいから〝つい〟裏山に入っていったんだよね。そんなかんたが大きい声で急に変わった。

発問❶

どうしてかんたは、「ぼくも行かない。」と決めたのか？

A価値を認識する発問・教材

C　ぽんたが「ぼくは行かないよ。」と言ったから一人だと心配になった。

C　裏山に入ってはいけないことを忘れていた。大きな声で思い出した。

C　大きい声にびっくりして「なんだ!?」って思って戻ってきた。

T　**ぽんたの大きい声のおかげで、行かないって決めたんだ？**

C　ぽんたの大きな声で気づいたけど、その後は自分で考えて決めた。

C　入ってはいけないと言われていたから、楽しそうだと思って入ろうとしてしまったけど、「ダメだな」って思った。反省した。

C　入るときは平気と思っていた。ぽんたに言われて危ないなって思った。

T　**かんたは自分で考えて行かないって決めたの？　それとも、ぽんたに言われて行かないって決めたの？**

C　どちらもある。言われて、自分で考えて、止めておこうって思った。

導入では、教材のかんたが裏山に入っていく場面の絵を見せました。子どもは自然に「ダメだよ！」や「危ないよ！」といった言葉を発します。「みんなは絵を見てすぐにダメだとわかるのに、この子（かんた）は気づかないの？」と投げかけました。すると、「悪いとわかっていても、〝つい〟してしまうことがある」や「楽しくなって、忘れちゃう」などの考えが出されました。そこで、テーマ「どうすれば、〝つい〟を止められるか？」を設定しました。

教材を読んだ後、「かんたは、ぽんたを裏山に誘うときどんな気持ちだったか？」を考えました。裏山に入ろうとする気持ちと、後で行かないと決める判断との間のギャップを明らかにすることで、かんたの変容を考えていくことへの問題意識を高めました。

C　本当は、言われなくても、自分で決められないといけない。でも、楽しい気持ちになっちゃうと、自分で気がつくのって、難しい。

T　**ぽんたもかんたも考えて、止めようって決めていた。そもそもよくないことは、考えないですぐに止めた方がよいんじゃない？**

C　そうなんだけど、なかなか止められない。言われても難しい。

C　止まるために考えた。少し落ち着いて、考えたら止められた。

T　**もしも、二人で裏山に入っていたらどうなっていた？**

C　きっとケガしていたよ。大ケガ。

T　**でも、ケガしない可能性もあるよね？　ケガしないなら入っていい？**

C　ケガしないから何でもいいっていう考えは、すごく自分勝手。

C　お家の人に言われたことは守らないと。ダメなものはダメ。

ステップ2

ブランコに乗っている二人の会話を想像する

発問❷

かんたは、ブランコに乗っているときぽんたにどんな話をしたか？

C自己を認識する発問・教材

C　止めてくれてありがとう。裏山で危ないことが起こったかもしれない。

発問❶では、問い返しによって、「決めたのは自律的か他律的か」や、「裏山に入ることの何が悪いのか」を考えていきました。

発問❷では、公園で遊ぶことを決めた二人のブランコに乗っているときの会話の内容を想像しました。価値を実現するよさを感じることができるようにしました。

終末では、考えたことを適用する場面を増やすことを目的としました。テーマ「どうすれば、〝つい〟を止められるか？」を話し合ったことを基に、『わたしたちの道徳　小学校一・二年』の「してはならないことがあるよ」（42～43ページ）を見てアドバイスを書く活動を設定しました。うそ、暴力、盗み、いじわる、悪口、いやがらせについて、〝つい〟を起こさないようにするためにどうするかを考えました。

C　二人ともしっかりと考えて止められたからよかった。
C　これからもぼくを止めてね。悪いことをしないように気をつけよう。
C　二人で声を掛け合って、失敗しないようにしていこう！
T　**二人はどうやって〝つい〟を減らしていったんだろうね？　みんなは、どうすれば、〝つい〟を止められると思ったかな？**

【発問を組み立て、対話をつなぐ問い返しのコツ】

発問を組み立てるために、二つの発問を並べればよいわけではありません。発問の組み立てが機能するように、子どもの考えにリアクションしたり、問い返したりして、子どもの思考から対話をつないでいきます。

子どもの思考に沿った問い返しを六つに整理しました。

①そもそも教師のリアクションは問い返し。
②教師の納得や「わからない！　わかりたい！」で問い返す。
③子どもの発言や教材、テーマの重要なキーワードで問い返す。
④本当か、できているかを疑って問い返す。
⑤選択肢で問い返す。
⑥教材の条件を変更して、仮定で問い返す。

問い返しを実践編の中で紹介します。

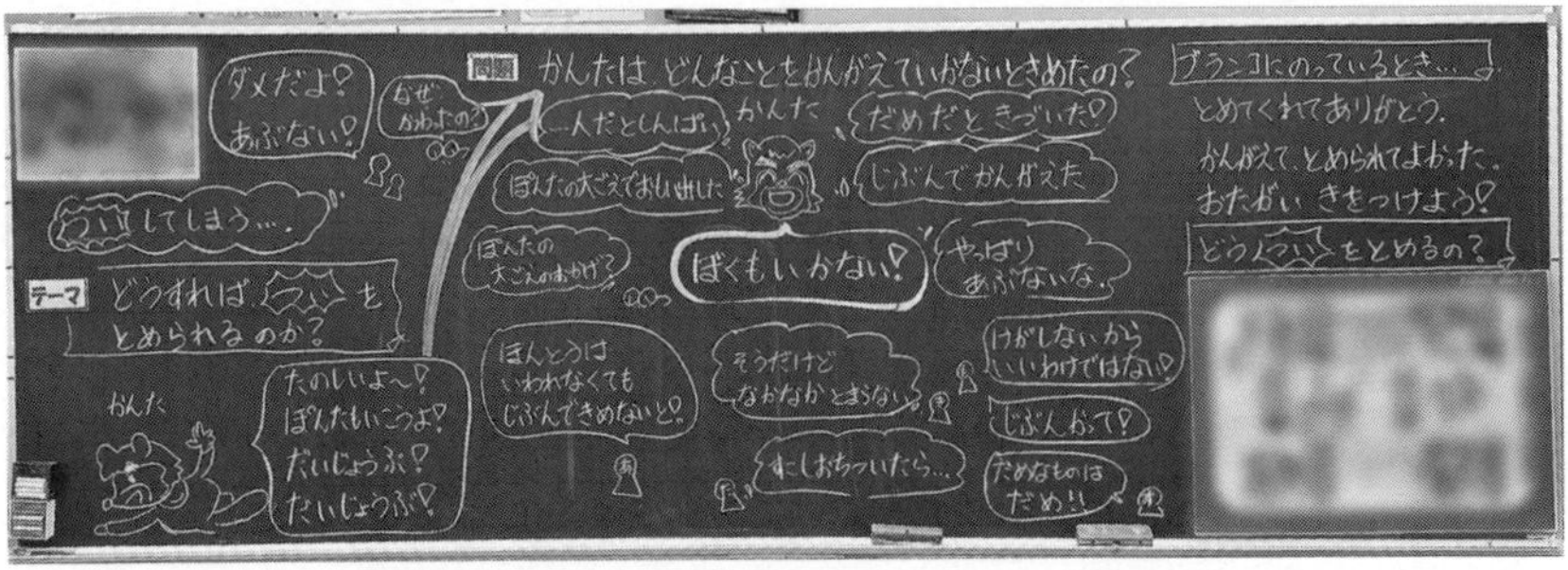

教材
2

二わのことり

B -(9) 友情、信頼

教材のあらすじ

みそさざいと小鳥たちは、やまがらの誕生会に誘われる。同じ日、うぐいすの家では、音楽会の練習がある。みそさざいは迷うが、小鳥たちとうぐいすの家へ行く。しばらくして、みそさざいは、やまがらが気になり、うぐいすの家を抜け出す。やまがらは涙を浮かべて喜ぶ。

教材を生かすポイントと発問例

みそさざいややまがらなどの関係を描いた寓話教材です。子どもたちは、馴染みのない鳥たちの名前に混乱してしまうことがあります。誰が何をした鳥なのか視覚的にわかるようにしたいです。

●教材のポイント

・小鳥たちが、やまがらの誕生日にうぐいすの家に行くこと。
・みそさざいが、小鳥たちとうぐいすの家に行ってしまうこと。
・みそさざいが、うぐいすの家をこっそりと抜け出すこと。
・みそさざいが家に来て、やまがらが涙を浮かべて喜ぶこと。
・みそさざいが、どちらの家でも「来てよかった」と言うこと。

●教材のポイントを生かした発問例

○どちらの関係をなかよしだと思うか？
○あなただったら、どちらのコースでやまがらの家に行くか？
○なぜ、みそさざいはうぐいすの家をこっそり抜け出したのか？
○みそさざいの気持ちは、何か変わったのか？
○この後、みそさざいとやまがらはどんなお話をしたか？

発問の組み立て例

組み立て1

みそさざいとやまがらの関係とうぐいすと小鳥たちの関係のどちらがなかよしだと思うかを選択し、うぐいすや小鳥たちに足りないことを話し合うことを通して、テーマ「なかよしって、どんな関係？」について考えます。

	発問の組み立て
導入	◯みんなには、なかよしな友達がいるかな？ **なかよしって、どんな関係？**
展開	◯教材を読んで、心に残ったことや疑問に思ったことは何かな？ **❶（みそさざいとやまがら、うぐいすと小鳥たちでは）どちらがなかよしだと思う？** 【A価値を認識する発問・教材】 **❷みんなは、うぐいすや小鳥たちに何が足りないと思っているの？** 【Eこれからの自己を展望する発問・教材】 ◯みんなにはこのようななかよしの子がいるかな？
終末	◯「なかよしって、どんな関係？」について、新しく気がついたり、大事だと思ったりしたことはあるかな？ 【B価値を認識する発問・経験】

組み立て2

自分なら、うぐいすの家に行ってからやまがらの家に行くか、直接やまがらの家に行くかを選択し、親友一人とたくさんの友達ではどちらが大事かを話し合うことを通して、テーマ「友達って、たくさんいることが大事？」について考えます。

	発問の組み立て
導入	◯みんなには、友達が何人いるかな？ **友達って、たくさんいることが大事？**
展開	◯教材を読んで、心に残ったことや疑問に思ったことは何かな？ **❶（うぐいすの家に行ってからやまがらの家に行くか、直接やまがらの家に行くか）あなただったら、どちらのコースを行く？** 【C自己を認識する発問・教材】 **❷みんなは、親友一人と、たくさんの友達なら、どちらが大事？** 【D自己を認識する発問・経験】 ◯みんなにも、大事な友達がいるかな？
終末	◯「友達って、たくさんいることが大事？」について、新しく気がついたり、大事だと思ったりしたことはあるかな？ 【B価値を認識する発問・経験】

なかよしって、どんな関係？

A価値を認識する発問・教材 ▶ Eこれからの自己を展望する発問・教材

こう組み立てる！

発問❶

（みそさざいとやまがら、うぐいと小鳥たちでは）どちらがなかよしだと思う？

みそさざいとやまがら。途中からでもやまがらのことを思って行ったから。

小鳥たちとの方がみんなで遊んでいてなかよしなんじゃない？

発問❷

みんなは、うぐいすや小鳥たちに何が足りないと思っているの？

やまがらのことを考えていない。やまがらさんが一人ぼっちになっているのに気がついていない。

やまがらが足りない！　みんなって言うけれど、みんなにやまがらが入っていない。みんなになっていない。

こんなときは…

みそさざいが来たとき、やまがらは、どんな気持ちだったかな？

涙が出るほど嬉しかった。（でも、みそさざいは、一度うぐいすの家に行った。ちょっとひどい。モヤモヤ。）

低学年の子どもにとって「なかよし」は、うぐいすや小鳥たちのように、よく一緒にいる、遊ぶといったイメージだと思います。

しかし、子どものなかよしのイメージとみそさざいとやまがらの関係にはズレが生まれます。

そこで、みそさざいとやまがらの関係とうぐいすや小鳥たちの関係を比較します。そして、うぐいすや小鳥たちに足りなかったことを考え、なかよしに対する価値観を更新できるようにします。

ステップ1

みそさざいとやまがらの関係と、うぐいすと小鳥たちの関係のどちらがなかよしだと思うかを選択し、比較する

発問❶

(みそさざいとやまがら、うぐいすと小鳥たちでは) どちらがなかよしだと思う?

A価値を認識する発問・教材

C　うぐいすの家ではみんなが楽しそう。明るい。

C　やまがらは、みそさざいが来てくれて、とっても嬉しかったと思う。

C　やまがらは、すごくいい誕生日になったと思う。

T　**お家でみんなを待っているやまがらはどんな気持ちだったと思う?**

C　とても悲しかったと思う。

C　「誰も来てくれないんだぁ」って、寂しい気持ちになった。

T　**友達の寂しい気持ちに気づいたから、二人はすごくなかよしなんだね。**

C　音楽会の練習は、普通の日。友達の誕生日は、特別な日。みそさざいは特別な日を大事にして、楽しくした。だから、すごくいい友達。

C　練習を抜け出して来るんだから、みそさざいとやまがらは特別な関係。

C　うぐいすや小鳥たちは、みんなで集まって楽しんでいるだけ。

T　**やまがらとみそさざいの方がなかよしって言う意見が出ているね。で**

授業の導入で、「なかよしって、どんな関係?」というテーマについて、最初の考えを聞きます。子どもたちは、「よく話す」や「よく遊ぶ」など、目に見える行動を挙げます。

教材を読んで感想を聞くと、子どもたちは自然とみそさざいとやまがらの関係を「ステキだな」と感じるでしょう。

その直観(直感)を言葉にできるように、みそさざいとやまがらの関係とうぐいすと小鳥たちの関係のどちらがなかよしだと思うかを発問し、比較します。

すると、授業の最初に考えていた「よく話す」や「よく遊ぶ」という関係は、うぐいすと小鳥たちの関係であることに気がつきます。そして、みそさざいとやまがらの関係には、「よく話す」や「よく遊ぶ」ではないよさがあることに気がつきます。

も、最初は（授業の導入では）、「よく話す」とか「よく遊ぶ」とかが、なかよしだと言っていたよね？　うぐいすと小鳥たちの方が一緒に練習しているし、みんなでたくさんおしゃべりしているんじゃない？

ステップ2

うぐいすや小鳥たちに足りないことを考え、よりよいなかよしの条件を考える

発問❷

みんなは、うぐいすや小鳥たちに何が足りないと思っているの？

E これからの自己を展望する発問・教材

C　みそさざいのことを考えていない。

C　やまがらが一人ぼっちになっているのに気がついていない。

C　自分だったらどう思うかを考えたら、その友達の気持ちがわかる。

C　誕生会は毎日できることではない。練習は毎日できること。友達の特別な日を大事にしていない。

C　やまがらが足りない！　みんなって言うけれど、みんなにやまがらが入っていない。みんなになっていない。

子どもたちは、「なかよし」について、授業の最初にイメージした、「よく話す」や「よく遊ぶ」といった関係に近いうぐいすと小鳥たちの関係よりも、みそさざいとやまがらの関係の方がステキだと感じています。

そこで、うぐいすや小鳥たちに何が足りなかったかを考える発問をします。うぐいすや小鳥たちに足りなかったことを考えることで、これから自分たちが実現したいよりよいなかよしの条件を見出していきます。

そして、みそさざいとやまがらの関係、うぐいすと小鳥たちの関係から考えた「なかよしって、どんな関係？」に対して、書く活動を通して、自分の考えをまとめます。

自分の生活を振り返りながら、自分なりの論理をもって、言葉にし、納得解をもてるようにします。

T　なかよしって、どういうことだと思いましたか？

C　いつもできないことを大切にしてくれる人がなかよしだと思った。

C　クリスマスとか、誕生日とか、運動会とか？

T　なるほど。この前、運動会をみんなでがんばったよね？　いつもではないことを一緒にしたという思い出がなかよしにつながるんだね。

C　友達のことを気にするのがなかよし。「大丈夫？」って心配すること。

C　「友達がどんな気持ちか」って、考えられるのがなかよしだと思う。

C　なかよしだと、楽しくて、幸せになる。

T　なかよしだと幸せなんだ。みんなにはこんななかよしの友達がいる？

【選択する発問】

登場人物の気持ちを聞く発問に対して、答えるのが難しかったり、「嬉しい」や「悲しい」など一言で終わってしまったりする子がいます。しかし、そんな子でも「どちらがなかよしだと思う？」など選択する発問には、どちらかを選ぶことができます。選ぶためには、自然と理由を考えます。また、教師の発問の意図は同じであったとしても、子どもとしては選択して、理由を考える方が話しやすく、考えを詳しく話すことができます。

選択する発問を上手に生かして、立場を明らかにしていくことで話し合いを活性化していきたいです。

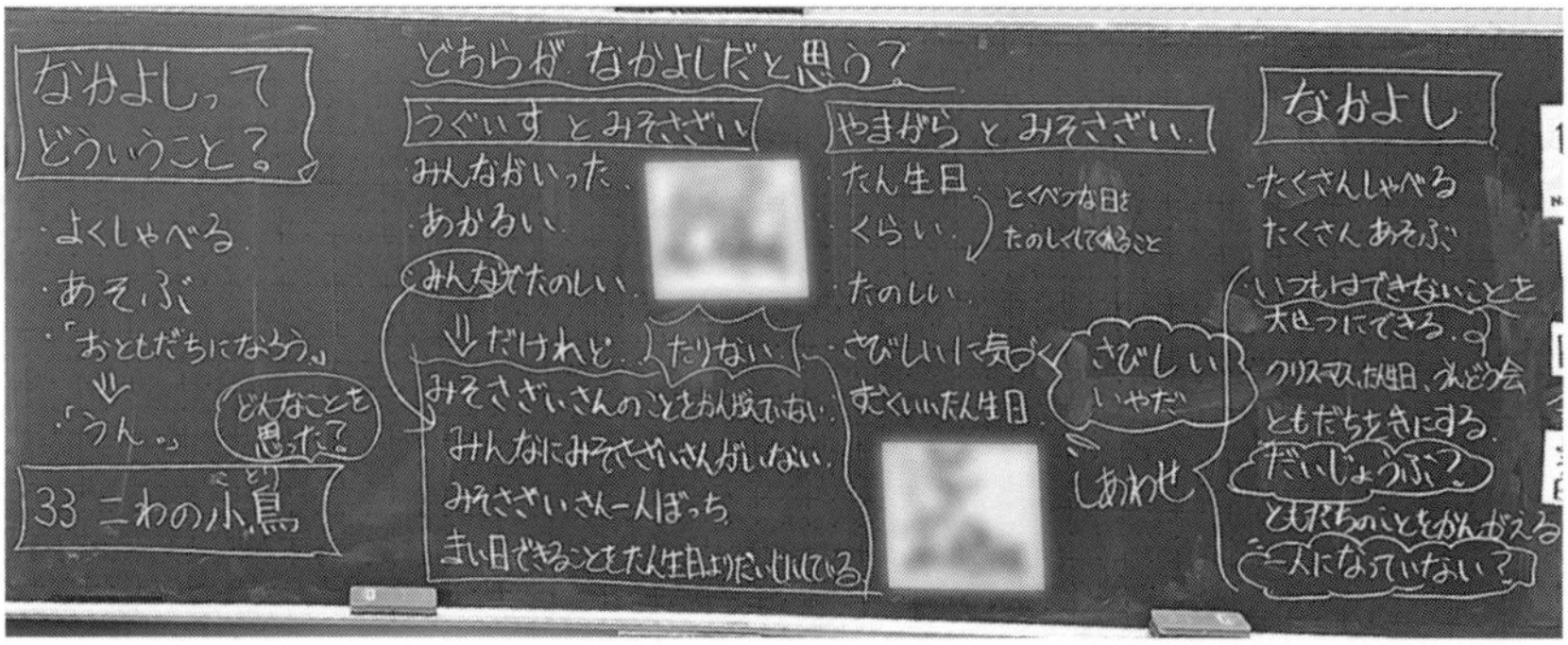

友達って、たくさんいることが大事？

C自己を認識する発問・教材 ▶ D自己を認識する発問・経験

こう組み立てる！

発問❶

（うぐいすの家に行ってからやまがらの家に行くか直接やまがらの家に行くか）あなただったら、どちらのコースを行く？

誕生日に悲しい思いをさせたくない。一人でも、直接やまがらの家に行く。

うぐいすの家に行って、小鳥たちを連れて、やまがらの家に行けばいい。

発問❷

みんなは、親友一人と、たくさんの友達なら、どちらが大事？

友達は多い方がいい。やまがらも、みんなでお祝いされた方が嬉しいと思う。

一人でも、本当に仲のよい親友みたいな友達がいい。やまがらも小鳥たちに、嫌々来られても困ると思う。

こんなときは…

うぐいすの家を出るみそさざいは、どんなことを考えている？

やまがらに悲しい思いをさせたくない。（でも、本当は迷っていたかも。そもそも、やまがらとなかよしならすぐやまがらの家に行くはず。）

低学年の子どもたちにとって、気持ちを問う発問は、抽象的で難しいと感じたり、どう表現してよいかわからなかったりする場合も少なくないです。

そこで、みそさざいが向かう可能性のあるコースを示し、自分だったらどうするか選択させます。

すると、「小鳥たちを連れて行く」という考えが出されるでしょう。

そこで、深い関係の友達一人と、たくさんの友達、どちらが大事かを比較し、友達についての自分の価値観を磨いていきます。

ステップ1

自分がみそさざいだったら、どうするかを選択する

発問❶

（うぐいすの家に行ってからやまがらの家に行くか、直接やまがらの家に行くか）あなただったら、どちらのコースを行く？

C自己を認識する発問・教材

C　直接やまがらの家に行く。誕生日に悲しい思いをさせたくないから。
C　うぐいすの家に行く。だって、みんな（小鳥たち）が行ったから。
T　**やまがらの家に行かなくていいの？**
C　みんながうぐいすの家に行くから、自分も行っちゃったんだと思う。
C　後からやまがらの家に行くから、大丈夫だよ。
T　**でもさ、本当に「後から行くから大丈夫」なのかな？**
C　確かに。一人も来なかったら、やまがらがかわいそう。
C　後から行くのは友達じゃない！　みんなに釣られてうぐいすの家に行っているのもダメ。誕生日なんだから、友達なら、すぐ行くはず。
C　誕生日は一年に一回。歌の練習よりも、誕生日の方が大事。
T　**じゃあ、友達との歌の練習は、大事じゃないの？**
C　両方行く！　やまがらの誕生日をお祝いしてから、歌の練習に行く。

授業の導入では、「みんなには、友達が何人いるかな？」と聞いて、自分の友達を思い浮かべさせます。子どもたちは、競うように大きな数を言うでしょう。そこで、「友達って、たくさんいることが大事？」とテーマを投げかけます。たくさん友達がいることが大事だと思っている当たり前をゆさぶり、考えていく必然性を生み出します。

教材を読んで心に残ったことや疑問を聞くと、みそさざいがうぐいすの家を抜け出し、やまがらの家に行ったことをステキだなと感じる子がいるでしょう。一方で、みそさざいが、小鳥たちと一緒に、うぐいすの家に一度行っていることが変だと感じる子もいるかもしれません。

そこで、自分がみそさざいだったら、どのコースでやまがらの家に行くかを選択する発問をします。

C　うぐいすの家から小鳥たちを連れて、やまがらの家に行けばいい。そうすれば、歌の練習もできるし、やまがらも嬉しい。

T　**なるほど。新しいコースができたね。改めて聞くね。みんなは、どのコースがよいと思う？　①うぐいすの家に行ってからやまがらの家に行く、②直接やまがらの家に行く、③うぐいすの家に行って、小鳥たちを連れて、やまがらの家に行く。**

C　やまがらは小鳥たちを連れてきたら、喜ぶのかなぁ？

C　みそさざい一人に祝われた方が嬉しいかも。だって、親友だから。

ステップ2

一人の深い友達とたくさんの友達では、どちらが大事かを考える

発問②

みんなは、親友一人と、たくさんの友達なら、どちらが大事？

D自己を認識する発問・経験

C　友達はたくさんいた方がいい。みんなでお祝いされた方が嬉しい。

C　みんなで遊んだ方が楽しい。

C　一人でも、本当に仲のよい親友みたいな友達がいい。

みそさざいの向かうコースを選択することで、自分が同じような状況で、友達に対してどのような判断をするかを認識します。すると、「うぐいすの家を抜け出せないかも」や「うぐいすの家から小鳥たちを連れて、やまがらの家に行く」などの新しい案も出されるかもしれません。

ここで、問題になっているのは、次の二点です。

①親友に誘われているときに、他の大人数の友達で遊ぶことがわかったときどうするか？

②親友一人と多くの友達に誕生日を祝われるならどちらが嬉しいか？

どちらも友達としての関係の深さと友達の人数の問題です。

そこで、親友一人とたくさんの友達なら、どちらが大事なのかを選択する発問に対して自分の考えを選ぶことで、自分の価値観を認識します。

C　だいたいすぐにうぐいすの家に行く小鳥たちは、やまがらの友達じゃない。やまがらも小鳥たちに、嫌々来られても困ると思う。

T　**たしかに。嫌なのに、無理やり一緒にいなくてもいいよね。**

C　「自分のことを大事にしてくれる人は、大事にしないといけない」って、お母さんに言われたことあるよ。

T　**ステキな言葉だね。みんなにも大事な友達がいるんじゃないかな?**

【板書を使い発問する】

この授業では、心に残ったことや疑問を聞き、あらすじを確認しながら、みそさざいが行ったコースを黒板に図で整理し、発問❶を投げかけました。板書した図を用いることで、より多様な発問をすることができます。板書を図式化する場合は、意図をもってしたいです。

【選択→選択の発問の組み立て】

この授業では、発問❶、❷のどちらも選択する組み立てで発問を構成しています。発問の組み立て1のように、拡散→収束という組み立ての授業が多いです。しかし、今回のような選択→選択の組み立てでは、「自分はこう思う!」と、一人一人の価値観が磨かれる授業となります。

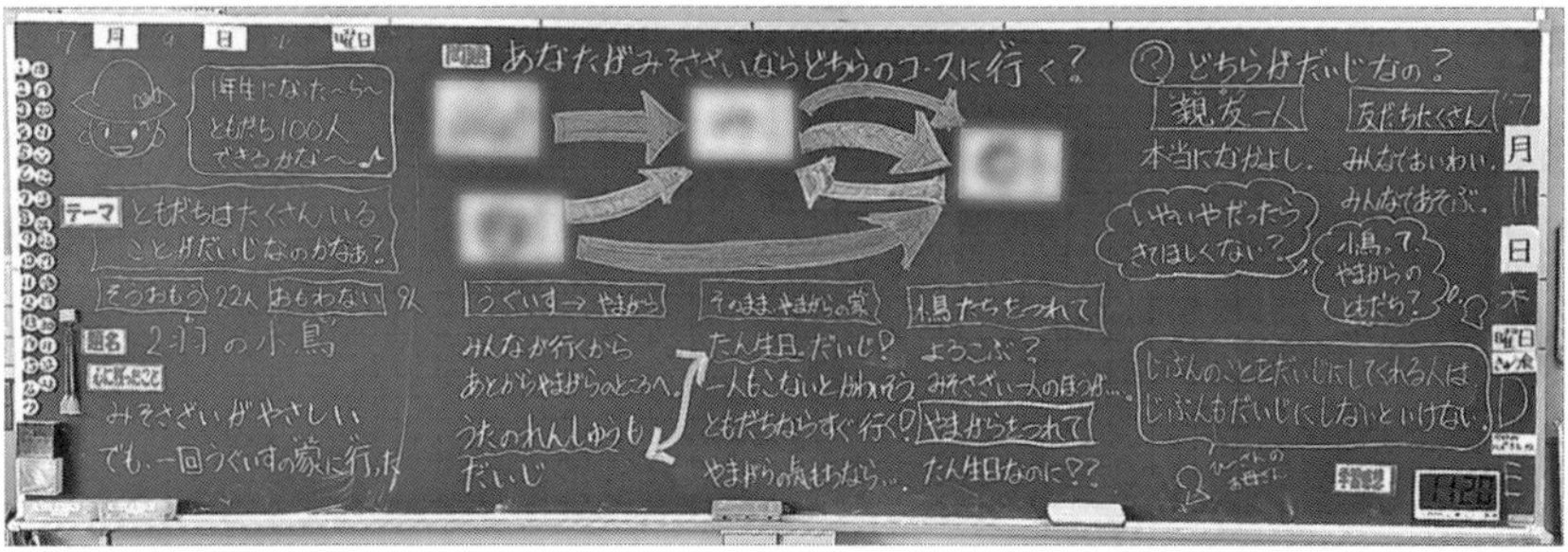

教材
3

きいろいベンチ

C -⑽　規則の尊重

教材のあらすじ
「たかし」と「てつお」は、公園で紙飛行機を飛ばして遊ぶことに夢中になっている。どろどろの靴で上がったためベンチを汚してしまう。汚れたベンチに女の子が座ってしまう。女の子と汚れたスカートの泥を払うおばあさんの会話を聞いて、2人は「はっ」として考え始める。

教材を生かすポイントと発問例

紙飛行機で遊ぶ男の子を描いた子どもの生活に近い教材です。多くの子が遊びに夢中で、よくないことやマナー違反な行動をした経験があると思います。土足でベンチに上がるのはマナー違反です。しかし、決まりではありません。二人が気づいたことを考えたいです。

●教材のポイント

・二人の靴はどろどろだったが、そんなことには気がつかない。
・ベンチで紙飛行機で遊んだ後、ブランコの立ち漕ぎをする。
・女の子は走ってきて、ベンチの泥を確認せずに座る。
・「はっ」と顔を見合わせるが、何に気づいたか書かれていない。

●教材のポイントを生かした発問例

○なぜ、二人はどろどろの靴でベンチに上がってしまったの？
○ベンチに靴で上がるのとブランコで立ち漕ぎするのは同じ？
○ベンチやブランコに土足で上がらないのは、決まりなの？
○ベンチが汚れているか確認しない女の子もよくないのでは？
○二人は「はっ」と顔を見合わせて、どんな話をしたか？

発問の組み立て例

組み立て1

二人の失敗は何かを分析し、二人が「はっ」と気づいたことの内容を話し合うことを通して、テーマ「二人の失敗から、学ぶことは何か？」について考え、「決まりではなくても…」や「みんなの場所では…」などの気づきを生んでいきます。

	発問の組み立て
導入	○（ベンチの上で紙飛行機を飛ばす場面の絵を見せ）何か気がつくことはあるかな？ **二人の失敗から、学ぶことは何か？**
展開	**❶二人は、どんな失敗をしたの？** 【A価値を認識する発問・教材】 ○ベンチが汚れているか確認しない女の子もよくないのでは？ ○ベンチに靴で上がるのとブランコで立ち漕ぎするのは同じ？　違う？ **❷二人は「はっ」と顔を見合わせて、どんな話をしたか？** 【Eこれからの自己を展望する発問・教材】
終末	○二人の失敗から、学ぶことは何か？ ○他にみんなで使う場所って、どこかな？ どんな場面でこの考えを使うといいかな？ 【Fこれからの自己を展望する発問・経験】

組み立て2

どろどろの靴でベンチに上がってしまった二人に共感できるかどうかや、この後二人がどうするかを話し合うことを通して、テーマ「みんなの場所を使うとき、どんなことが大事か？」について考えます。

	発問の組み立て
導入	○「みんなの場所」ってどこを思い浮かべる？ **みんなの場所を使うとき、どんなことが大事か？**
展開	○なぜ、二人はどろどろの靴でベンチに上がってしまったの？ **❶靴でベンチに上がってしまった二人の気持ちわかるかな？** 【C自分を認識する発問・教材】 ○ベンチやブランコに土足で上がらないのは、決まりなの？ ○みんなの場所を使うとき、どんなことが大事なの？
終末	**❷みんながこの二人だったら、この後どうしていくだろう？** 【Eこれからの自己を展望する発問・教材】

二人の失敗から学ぶことは、何か？

A価値を認識する発問・教材 ▶ Eこれからの自己を展望する発問・教材

こう組み立てる！

発問❶

二人は、どんな失敗をしたの？

靴が汚れているのに、ベンチに上がって遊んでしまった。

紙飛行機を飛ばすのに夢中になって、人の迷惑を考えなかった。

発問❷

二人は「はっ」と顔を見合わせて、どんな話をしたか？

みんなが使う場所を汚すと、困る人がいるから気をつける。

自分だけ楽しいではいけない。楽しくても周りの人のことを考える。

こんなときは…

「はっ」と顔を見合わせたとき、二人はどんな気持ちだった？

失敗した。ベンチに上がったのは悪いこと。（でも、そんなのは授業をする前から、わかっていた。なんでダメか？そう言われると困るな…。）

ベンチに土足で上らない方がよいということは、子どもたちもわかってはいます。しかし、なぜダメかと言われると答えるのは難しいと思います。理由を考えることで、少し立ち止まって判断できるようになると考えます。

発問❶では、何が悪いか、何が失敗か直観（直感）的思考を促します。追発問によって分析していきます。

発問❷では、二人が話した内容を想像して、これからの自己を展望します。

ステップ1

二人の失敗は何かを分析する

発問❶　二人は、どんな失敗をしたの？

A価値を認識する発問・教材

C　靴が汚れているのに、ベンチに上がって遊んでしまった。

C　紙飛行機を飛ばすのに夢中になって、人の迷惑を考えなかった。

C　他の人の迷惑に気づかなかった。女の子のスカートが汚れてしまった。

C　その後もブランコで立ち漕ぎしている。ブランコも汚れてしまう。

C　女の子やおばあさんが困っていることに気がついたのは偉い。気づいたから失敗だと思える。普通、気がつかないまま遊んでしまう。

T　**確かに、気づいたから失敗だと思えるんだよね。すごい気づきだね！**

C　でも、本当は靴が汚れているからベンチやブランコに上がっちゃダメだなって気づけたらよかった。

T　**なるほど～。でもさ、女の子も走って来て、汚れているかも確認しないで座ったんだよね？　女の子も悪いんじゃない？**

C　汚れているか確認した方がいいよね。走って、焦っている！

C　早くお菓子食べたり、ジュース飲んだりしたかったんじゃない？

C　そうだけど、汚した二人が悪い。汚れてなかったら女の子も汚れない。

ベンチの上で紙飛行機を飛ばす場面の絵を見せました。「ベンチに乗って遊んでいて、ダメ！」や「ベンチが汚れてしまっている！」など、子どもたちは気づいたことを口々に言いました。「この二人、ダメかな？」と投げかけると、「ダメ！ダメ！」と返ってきました。そこで、テーマを「二人の失敗から、学ぶことは何か？」と設定し、テーマと教材への関心を高めました。

発問❶では、子どもの「よくない」と思う直観（直感）的思考を生かし、二人の何が失敗だったかを考えます。ここでは子どもたちは二人の失敗をたくさん見つけます。低学年の子もこれまでの経験からよいこと・よくないことの区別はつきます。しかし、多くの場合、大人から言われ、他律的に理解しています。理由を問われると困ってしまうし、自分ができているか・いないかなど考えていないでしょう。

C　自分のベンチじゃないのに汚すのはダメ。
T　**どういうことかわかる？**
C　公園のものはみんなのもの。次に使う人のことを考えないといけない。
T　**でもみんなもブランコで立ち漕ぎはするんじゃない？　立ち漕ぎもブランコは汚れるよね。ベンチに上がるのと立ち漕ぎは同じ？　違う？**
C　ブランコは、そもそも立ち漕ぎをしてよい遊び道具。だけれど…。
C　ブランコも雨の後で靴が汚れていたら立ち漕ぎしない方がいい。
C　立ち漕ぎした後、汚れたらちゃんと拭いて、きれいにするとか…。
T　**本当に!?　立ち漕ぎした後、毎回拭いているの？　えらいなぁ！**
C　いや、していない…。
C　拭くのは難しいから、やっぱり雨の日は立ち漕ぎをしちゃいけない。

ステップ2

二人が「はっ」と気づいたことの内容を考える

発問❷

二人は「はっ」と顔を見合わせて、どんな話をしたか？

E　これからの自己を展望する発問・教材

C　みんなのベンチなのに。ブランコの立ち漕ぎも、気をつけないと。

そこで、追発問によってゆさぶり、自分と結び付けながら、二人の何が悪いのかを分析していきます。

発問❷では、二人が「はっ」と顔を見合わせたとき、どんなことに気づいたかを考えました。発問❶で考えてきたことを言語化・抽象化することを促しました。もし、言語化・抽象化が難しい場合は、「…ということだよね？」と確認しながらその子の言葉を価値付け、「みんなの場所」や「マナー」などの内容に結び付けていきます。

テーマ「二人の失敗から、学ぶこととは何か？」に対する考えを発表し合い、テーマに対して、共通した理解をもてるようにしました。

その上で、どのような場所でこの考えが使えるか、適用場面を思い浮かべて自分の考えを書き、授業を終えました。

C　自分だけが楽しいだった。みんなに迷惑をかけてしまって反省。
C　困らせたい気持ちはなかったけれど、気にせず夢中に遊んでしまった。
T　**二人の失敗から、学ぶことは何か？**
C　みんなが使う場所を汚すと、困る人がいるから気をつける。
C　家かみんなの場所かで気持ちを変える。学校も公園も家じゃない。
C　自分だけ楽しいではいけない。楽しくても周りの人のことを考える。
T　**ベンチやブランコ以外にもみんなで使う場所ってどこかな？　どんな場面で二人からの学びを生かせばいいかな？　自分の考えを書きましょう。**

【本当か、できているかをゆさぶって問い返す】

本来、子どもはよくありたい、がんばりたいと思っています。「どうせ…」「私なんて…」などと言うも、様々な理由で今そんな状況なだけです。できるようになるためには、できていないことを認知する必要があります。

授業中に、教材の登場人物やクラスの仲間に「こうあるべき」「こうするべき」などよい行いを主張する発言が聞かれることがあります。そんなときは、「本当に!?」「できているの!?」と問い返します。できていないことを指摘するのではなく、知らん顔して問い返すのがコツです。できていないことを自覚できてこそ、できるようになりたいと思うはずです。

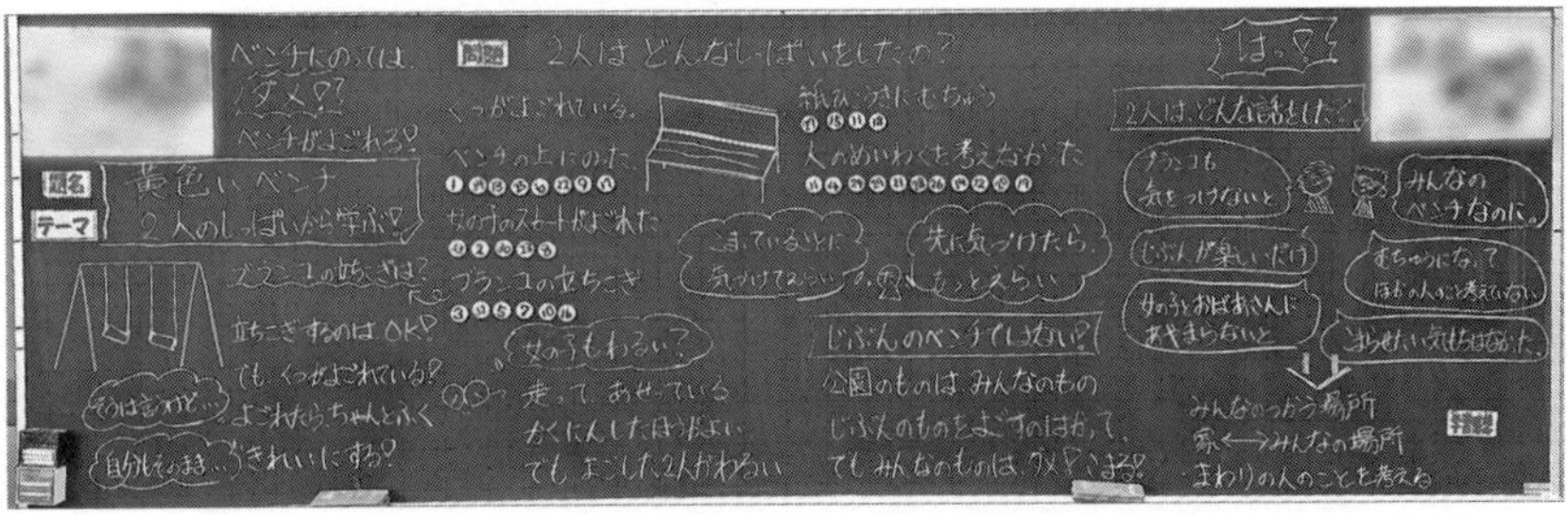

みんなの場所を使うとき、どんなことが大事か？

C自己を認識する発問・教材 ▶ Eこれからの自己を展望する発問・教材

こう組み立てる！

発問❶

靴でベンチに上がってしまった二人の気持ちわかるかな？

わかる。遊んで、楽しくなったら、周りのことなんて考えられない！

やっぱりみんなで使うものを汚い靴で上がって汚すのはよくない。

発問❷

みんながこの二人だったら、この後どうしていくだろう？

女の子とおばあさんに謝りに行く。ベンチとブランコをきれいに拭く。

周りの人が困っていないか考えて遊ぶ。自分だけでなくみんなが楽しく使えるようにする。

こんなときは…

役割演技をして、ベンチで紙飛行機を飛ばす二人の気持ちを考えましょう。

イェーイ!! すごくよく飛んだ～！ もっと飛ばしたい!!
(役割演技楽しい！ 僕もやりたい！ 私もやりたい！ でも、みんなふざけすぎ！ 悪くなっていない!?)

気持ちに共感させるために役割演技をすることも考えられます。しかし、ベンチで紙飛行機を飛ばす場面で行うのはどうでしょうか？ むしろこの活動によってベンチに上がることを促してしまっていないでしょうか？

発問❶では、二人に共感できるかを考えることで、二人に自分を重ねて考えることを促します。

発問❷では、この後どうするか教材の延長を考えることで、これからの自己を展望します。

ステップ1

靴でベンチに上がる二人に共感できるかを考える

発問❶

靴でベンチに上がってしまった二人の気持ちわかるかな？

C自己を認識する発問・教材

C　わかる。遊んで、楽しくなったら、周りのことなんて考えられない！

C　「大丈夫！」「てつやもやってる！」みたいな気持ちでやっちゃう。

C　私はしない。ちょっと違うけど、電車で窓の外見ようと靴のまま後ろを向いたら、お母さんにめっちゃ怒られたことがある。

C　やっぱりみんなで使うものを汚い靴で上がって汚すのはよくない。

T　**それって、ベンチのこと？　ブランコのこと？　電車のこと？**

C　全部だよ！　みんなのものを汚さない決まりでしょ！

C　でも、ベンチや電車の椅子はそうだけど、ブランコは違うのでは？

T　**どういうこと？**

C　だって、立ち漕ぎするじゃん！　立ち漕ぎのときは、靴で乗るよね？

C　でも、座ってブランコに乗る人もいるよね。汚いよ！　迷惑！

T　**ブランコの立ち漕ぎしたことある人？　したことない人？**（挙手）

T　**立ち漕ぎしたことある人が多いね。ベンチはダメでブランコはいい？**

　導入では「みんなで使う場所」という言葉から、どこを思い浮かべるかを考えました。教室や校庭、トイレなど学校の施設を答える子が多かったです。公園や家を思い浮かべる子もいました。そこで、テーマを「みんなの場所を使うとき、どんなことが大事か？」と設定しました。

　教材を読み、心に残ったことや疑問を交流します。この教材では、二人がベンチに上がり、紙飛行機を飛ばす場面に対して感想をもつ子が多いでしょう。まず、二人がどろどろの靴でベンチに上がってしまった理由を考えます。ここでは子どもたちは二人を客観的に見ています。

　そこで、発問❶では、ベンチに上がった二人の気持ちがわかる・わからないを選択して考えることで自分の経験につなげて、この教材の問題を自分事に近づけていきました。

C　そうじゃないけど…。なんかベンチはダメだよね。そんな感じがする。

T　さっき「決まり」って言葉が出てきたけど、そもそもベンチやブランコに土足で上がらないというのは「決まり」なの？　本当にダメ？

C　決まりではないけど…。他の人に迷惑かけちゃうからダメ。

C　やってはいけないことなんだから、決まりみたいなもん！

C　決まりって、法律とか、ルール。守らないと罰金とか退場とかになる。それとはちょっと違う。ベンチに靴で上がっても捕まるわけではない。

T　なるほど。ベンチやブランコに靴で上がるのは、決まりではないけれどダメなんだ。じゃあ、ベンチとかブランコとか最初にみんなが言っていた学校とか、みんなの場所を使うとき、どんなことが大事なの？

C　決まりじゃなくても他の人が困ることはしない。迷惑かけない。

C　みんなで使う場所を汚したり、壊したりしてはダメ。大事にする。

C　やっていいことか考える。何も考えていないとふざけて悪くなる。

ステップ2

この後二人がどうするかを考える

発問❷

みんながこの二人だったら、この後どうしていくだろう？

E これからの自己を展望する発問・教材

ブランコの立ち漕ぎは普段している子が多いと予想できます。ブランコの立ち漕ぎをどう思うかやベンチやブランコに靴で上がらないことは決まりなのかなどを追発問し、話し合いを膨らませ、テーマのみんなの場所を使うときに大事なことにつなげました。

この教材は「決まり」の問題ではなく、「みんなの場所」や「マナー」の問題を描いています。ベンチやブランコに靴で上がらないことは決まりとして明らかにされていることではありません。内容項目に引っ張られて、決まりとして捉えてしまうと、モヤモヤが残ります。

発問❷では、教材には書かれていない二人のこれからの行動を想像して考えました。教材の二人を通して、これから、みんなの場所を使うときにどうするか自己を展望して考えることを促します。

C　女の子とおばあさんに謝りに行く。ベンチとブランコをきれいに拭く。

C　拭くって言っても、拭く物を持っていない。手で汚れをはらって、これからは気をつける。「みんなで使う場所」と忘れないようにする。

C　周りの人が困っていないか考えて遊ぶ。自分だけでなくみんなが楽しく使えるようにする。公園だけでなく、学校でもちゃんとすると思う。

T　**そうだね。みんなで使う場所はベンチやブランコだけではないね。テーマについて考えたことをノートに書きましょう。**

【気持ちを問うけれど気持ちで問わない】

私が考える発問の組み立てでは、一般的な道徳科の授業と比べて、気持ちや思いを発問することは少ないです。しかし、子どもたちは「道徳は（登場人物や自分、他の人の）気持ちを考える学習」と言います。つまり、気持ちや思いを発問しなくても、気持ちや思いを考えるのです。「気持ちを問うけれど気持ちで問わない」を意識すると、発問の幅が広がります。

【訪ね歩き】

自分の席を離れ、自由に歩いて考えを交流する活動を設定します。訪ね歩きの活動は、体と思考をアクティブにします。いつも同じ好きな子同士で取り組むよりも様々な子とかかわってほしいです。そのため「自分と違う考えの人と話す」「同性→異性と交互に関わる」などと条件を付けます。

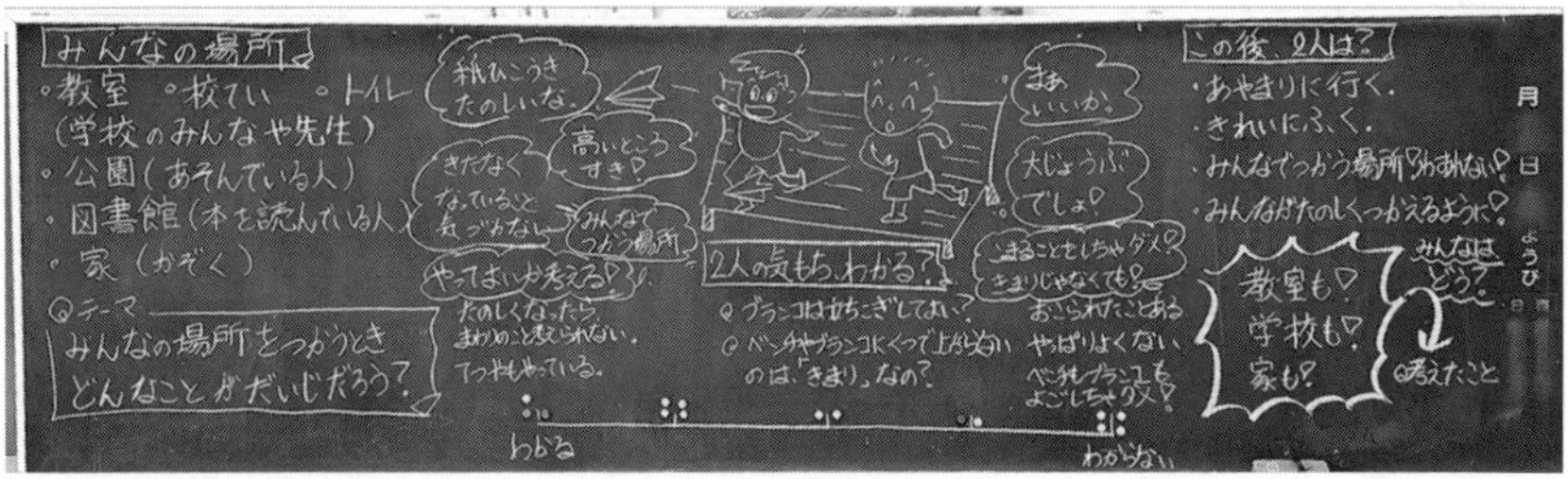

教材 4

ハムスターのあかちゃん

D -⒄ 生命の尊さ

教材のあらすじ

お母さんハムスターが生まれたばかりの赤ちゃんハムスターを大切に育てる様子や一生懸命生きようとしている赤ちゃんハムスターの様子が描かれている。主人公は、そのハムスターの様子を、喜びを感じながら見ている。「小さい体に、どんな力がつまっているのかな。」と思う。

教材を生かすポイントと発問例

お母さんハムスターが赤ちゃんハムスターを大事に育てる様子を見守る主人公の視点で書かれています。主人公視点なので主人公に共感しやすい教材です。この話は寓話ではありませんが、アニミズムのある低学年の子どもは、ハムスターにも共感することができます。状況は変わっても思いの変化はあまりないです。場面ごとに発問しても、教材から答えることになり、気づきは生まれづらいです。

●教材のポイント

- お母さんハムスターが赤ちゃんを宝物のように育てること。
- 赤ちゃんハムスターが懸命に生き、成長していくこと。
- 「小さい体に、どんな力がつまっているのかな。」と思うこと。

●教材のポイントを生かした発問例

○お母さんハムスターと赤ちゃんハムスターが会話をしているとしたら、どんなお話をしているだろう？
○どうして、お母さんハムスターは宝物を守るように育てるの？
○ハムスターの小さい体に、どんな力がつまっているのかな？

発問の組み立て例

組み立て1

主人公の女の子が言う「小さい体に、どんな力がつまっているのかな。」という疑問について話し合い、自分にはどんな力がつまっているかを考えます。テーマ「生きているって、どういうこと?」を考え、生きることの価値を認識します。

	発問の組み立て
導入	○ハムスターと人間の赤ちゃんの写真を見比べて、どんなことを感じるか? **生きているって、どういうこと?**
展開	○教材を読んで、心に残ったことは何かな? **❶ハムスターの赤ちゃんの小さい体に、どんな力がつまっているのかな?** 【A価値を認識する発問・教材】 **❷みんなには、どんな力がつまっているの?** 【D自己を認識する発問・経験】
終末	○生きているって、どういうことだと思った? 【B価値を認識する発問・経験】

組み立て2

お母さんハムスターが赤ちゃんハムスターを、宝物を守るように育てる理由を考え、親子の会話を想像して話し合います。テーマ「宝物って、何だろう?」について、自分のこととつなげながら価値を認識できるように促します。

	発問の組み立て
導入	○みんなの宝物は、何かな? **宝物って、何だろう?**
展開	○お話に出てきた「宝物」は何だったか? **❶お母さんハムスターと赤ちゃんハムスターが会話をしているとしたら、どんなお話をしているだろう?** 【C自己を認識する発問・教材】 **❷どんな思いで、お母さんハムスターは宝物を守るように育てているの?** 【A価値を認識する発問・教材】 ○宝物って何だろう?
終末	○「自分は宝物だなぁ」「命は宝物だなぁ」と思ったことはある? 【B価値を認識する発問・経験】

生きているって、どういうこと？

A価値を認識する発問・教材 ▶ D自己を認識する発問・経験

こう組み立てる！ ⬅ こんなときは…

発問❶

ハムスターの赤ちゃんの小さい体に、どんな力がつまっているのかな？

がんばって生まれてくる。お母さんもがんばって生む。がんばる力がつまっている。

大きくなる力。お母さんの愛情のパワー。成長していく力。

発問❷

みんなには、どんな力がつまっているの？

勉強する力、走る力、元気になる力、がんばる力、生きる力がある！

自分からできるようになる力！　できることを探してやってみる！　できることがどんどん増える！

ハムスターの親子の様子を見て、女の子はどんなことを考えたかな？

小さい体に、どんな力がつまっているのかな？（教科書にそう書いてあるよ！　どんな力がつまっているの？）

この教材の「小さい体に、どんな力がつまっているのかな。」というフレーズは、子どもたちの心に残る印象的なものです。この女の子の疑問を直接投げかけ、子どもたちと一緒に考えていきます。

ハムスターの赤ちゃんにどんな力がつまっているかを考え、自分にはどんな力がつまっているかを考える発問の組み立てです。

テーマとした「生きているって、どういうこと？」について、考えていきます。

ステップ1

主人公の女の子が言う「小さい体に、どんな力がつまっているのかな。」という疑問について話し合う

発問❶

ハムスターの赤ちゃんの小さい体に、どんな力がつまっているのかな？

A価値を認識する発問・教材

C　おっぱいを吸う力。食べる力。かむ力。食べないと生きていけない。

C　生まれるとき、がんばって生まれてくる。お母さんもがんばって生む。お母さんも赤ちゃんも、がんばる力が詰まっている。

C　お腹から産まれる。お母さんから力をもらって生まれてくる。

C　一番大事なのは元気。運動も食べるのも健康だからできる。

C　大きくなる力。お母さんの愛情のパワー。成長していく力。

C　人間とハムスターの違いがわかったよ！　人間の赤ちゃんは一歳くらいまで歩かない。ハムスターはすぐ歩く。こんなに小さいのにすごい。

C　足があること。手があること。ひげが伸びるのだって生きる力。お母さんのお腹の中でがんばって生まれてくる。生まれてからも、力をつけていくために食べたり、歩いたり、走ったりして体をつくる。

C　たくさんの力を小さい体でつくっている。赤ちゃんが力をつくるため

　導入では、様々な赤ちゃんの写真を何の動物かクイズ形式で見せました。「かわいい！」や「思っていたよりも大きい・小さい」など、思い思いに子どもたちはつぶやきました。授業者の写真です。「〇年間生きて、こうなっています。こんなに小さい赤ちゃんも生きているんだよなぁ。生きているって、どういうこと？」と、投げかけてテーマを設定しました。

　教材を読んで感想を聞くと、最後に書かれている「小さい体に、どんな力がつまっているのかな。」という文に注目する子がいました。そこで、発問❶では、その疑問について考えました。小さい体の中にたくさんの生きるための力があることを心に響かせました。話し合いの内容は、自然とハムスターを飛び越え、自分たちのことに重なります。

に、お母さんもがんばっている。そうやって、命はつながっている。

T　いっぱい力がつまっている！　生きていくにはたくさんの力が必要だね。

ステップ2

ハムスターと比べて、自分にはどんな力があるかを考える

発問❷

みんなには、どんな力がつまっているの？

D自己を認識する発問・経験

C　手を挙げる力がある。手をまっすぐ挙げるには力がいる。自分の考えを話そうと思って一生懸命手を挙げている。

C　勉強する力。だから僕は一生懸命ノートを書いて、勉強している。

T　すごい！　ノートに何を書いているの？　見せて！

C　成長メーター。成長するにつれて、メーターが上がる。僕はまだ子どもだから60くらい。かけ算ができるようになる。二十跳びもできるようになる。どんどんできるようになって、成長メーターが上がる。

C　考える力。ハムスターの成長する力は、人間にとっては勉強する力。

C　生きる力は、勉強すること、しゃべること、動くことだと思う。

発問❷では、自分にはどんな力がつまっているかを考えました。がんばっていることやがんばりたいことを命や生きることと関連させながら「力」として語りました。

一生懸命にノートに何かを書き込んでいる子がいました。何を書いているのか見てみると、「成長メーター」だと教えてくれました。

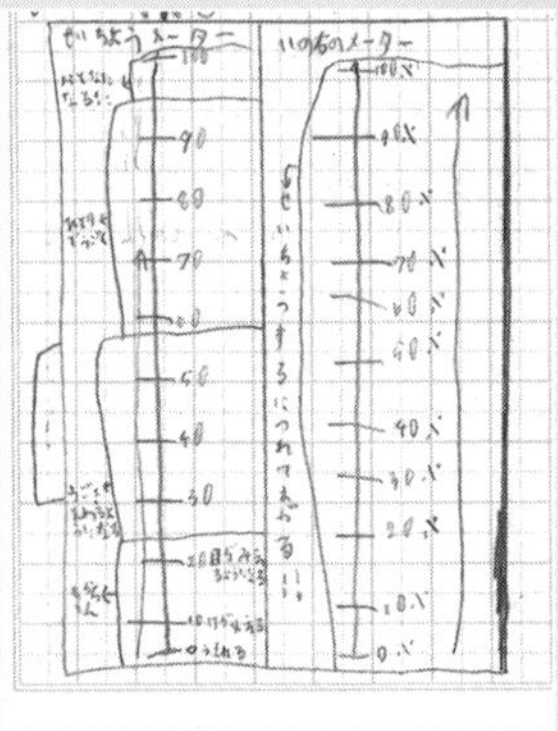

成長メーターが上がるにつれて命メーターもあがるそうです。自由に書けるノートを使っていたからこそ出会えたとてもステキな表現です。

C　勉強する力、走る力、元気になる力、がんばる力、生きる力がある！

T　**あなたたちは、本当に生きる力があふれていますよね！**

C　生き物とかかわる力。生活科でチャボのお世話をした。生き物とかかわるには勇気がいる。チャボのお世話をがんばっていると思う。

C　自分からできるようになる力。生活科で家族のお手伝いの学習をした。できることを探してやってみる！　できることがどんどん増えた！

T　**生きているって、どういうことだと思った？**

C　何でもチャレンジすることじゃないかな。ぼくたちにはその力がある。

C　自分のことを大事にすること。大事にされているから大事にできる。

C　生きているっていいなって思った。生きていて嬉しい気持ちになった。

【道徳科はワークシート？　ノート？】

ワークシートの長所は、教師の意図によって加工することができることです。短所は、ワークシートで展開するため、子どもの思考に沿って展開できない場合があることです。

ノートのよいところは自由度が高いところです。私はノートを使い、子どもが思いついたときにいつでも考えを書いていいことにしています。今回の授業で出されたアイディア「成長メーター」と「命メーター」は、その子の「がんばって生きていこう」という思いがあふれています。

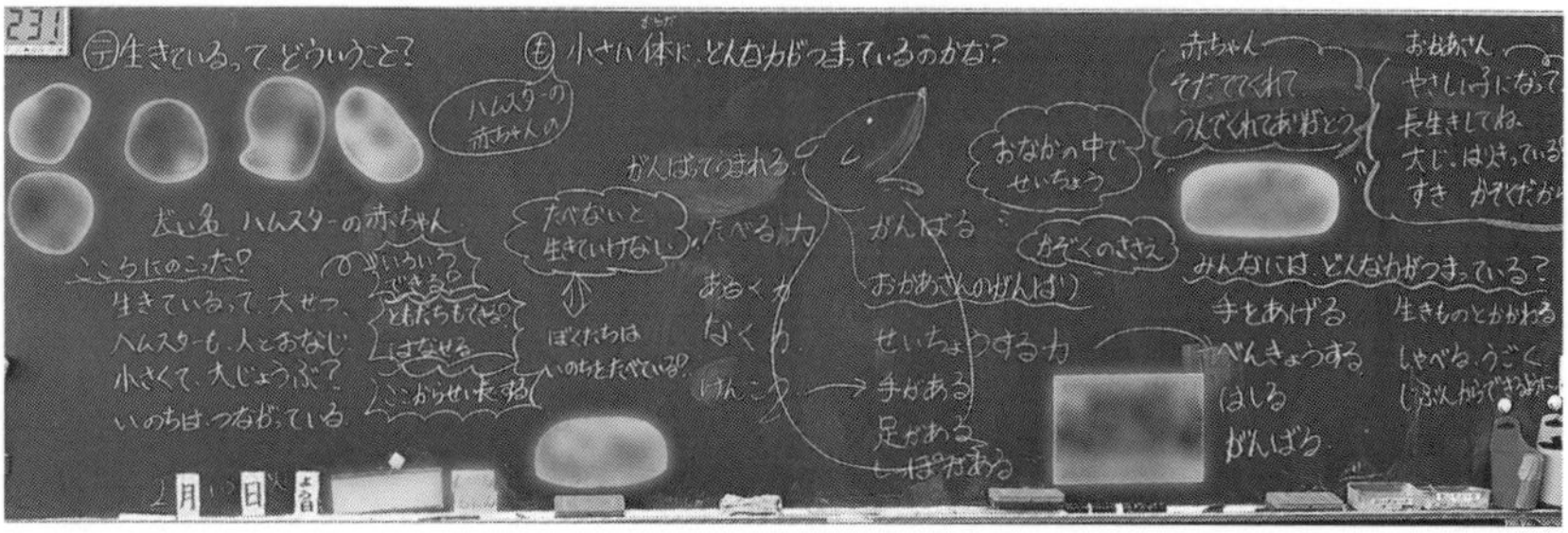

宝物って、何だろう？

C自己を認識する発問・教材 ▶ A価値を認識する発問・教材

こう組み立てる！

発問❶

お母さんハムスターと赤ちゃんハムスターが会話をしているとしたら、どんなお話をしているだろう？

優しい子になってね。優しくなるためにどうすればいいか考えてね。

お母さんが生んでくれた命を大事にするよ。いろいろなことに挑戦するよ！

発問❷

どんな思いで、お母さんハムスターは宝物を守るように育てているの？

張り切ってお世話している。だから優しくしている。

お母さんは、子どものことを好き。お母さんに「どうしていつも笑っているの？」って聞いたら、「家族が好きだから」って言われた。

こんなときは…

お母さんの気持ちは？　生まれたばかりの赤ちゃんを見たときは？　どんどん大きくなっているのを見たときは？

これからも大きく育ってね。（あれ？　あまり気持ちの変化がない。同じことばかり。）

この教材は、主人公の女の子にもハムスターの親子にも共感することができます。しかし、どちらも気持ちの変化は少なく、時系列に沿って気持ちを聞いていっても深まりはありません。

お母さんハムスターと赤ちゃんハムスターの会話を想像し、「宝物」をキーワードにお母さんハムスターの思いを考えていく発問の組み立てで展開してみましょう。

テーマに設定した「宝物って、何だろう？」について考えます。

ステップ1

ハムスターの親子の会話を想像して、自分の生活につなげる

発問❶

お母さんハムスターと赤ちゃんハムスターが会話をしているとしたら、どんなお話をしているだろう？

C自己を認識する発問・教材

T　隣の席の人とペアになってお話ししてみましょう（役割演技）。右側の人がお母さん役で、左側の人が赤ちゃん役です。では、どうぞ。

T　（役割を交代後）誰かやって見せてくれませんか？

C　見守ってくれてありがとう。生んでくれたからぼくはここにいる。

C　優しい子になってね。優しくなるためにどうすればいいか考えてね。

C　うん、わかった。お母さんの言う通り、友達に優しくするよ。

C　絶対、長生きしてね。大事な、大事な、私の赤ちゃん。

C　お母さんが生んでくれた命を大事にするよ。がんばっていろいろなことに挑戦するよ！　成長するのを見守っていてね！

T　ありがとう。他にやってくれる人はいますか？

導入では、子どもたちの「宝物」を聞きました。ゲームやお家の人からもらったキーホルダーなど様々なものが挙げられました。今回のお話の宝物は物ではないことを伝え、関心を高め、「宝物って、何だろう？」とテーマを設定しました。

教材を読んだ後、「お話に出てきた『宝物』は何だったか？」と聞きました。子どもたちは、「ハムスターの赤ちゃん」や「生きていること」などの考えを話しました。

そこで、発問❶では、役割演技でお母さんハムスターと赤ちゃんハムスターが、どんなお話をしているかを想像させます。隣の人とペアになり、全員が体験することを大事にしました。お母さんと赤ちゃんになりきって両面から考えることで、いつの間にか、自分と家族とのかかわりのことを話すようになっていきます。

C　赤ちゃん、とってもかわいいね。生まれてきてくれてありがとう。
C　お母さん、大好きだよ。もっとおっぱい飲みたいな！
C　どんどん飲んで大きくなってね。あなたは私の宝物よ。
C　宝物だなんて、嬉しいな。がんばって大きくなるよ！　成長するよ！

T　お母さんと赤ちゃんの会話を見て、どんなことを思いましたか？
C　優しい子になる。お家の人は「こうなってほしい」って期待している。
C　僕も、お母さんが生んでくれなかったらいないんだなって思った。
C　お母さんは赤ちゃんを宝物って思って大事にしていていいなと思った。
T　みんなのお母さんもそうなのかな？

ステップ2
お母さんが赤ちゃんを宝物のように大事にする理由を考える

発問❷
どんな思いで、お母さんハムスターは宝物を守るように育てているの？
A価値を認識する発問・教材

C　張り切ってお世話している。自分の赤ちゃんに歯形が付いたらかわい

役割演技は演技をするだけでなく、役割演技を教材にして話し合っていくことが大事です。演技を中断して観衆（見ている人）を加え、演技をして考えたことや演技を見て考えたことなどを話し合い、共有します。

発問❷では、お母さんハムスターが赤ちゃんハムスターを宝物のように大事にする理由を考えました。「あなたのお母さんもそう思っているのかな？」と投げかけると、子どもたちはお家の人から大事にされた経験を自然と想起しました。自分の命がいかに大事にされているかを実感している様子でした。

終末では、自分や命が宝物だと思った経験をノートに書きました。「思いつかない」や「ない」という子がいてもよいように、「お家の人に聞いてみよう」と投げかけ、家庭での自主学習を促しました。

そうだから、すごく大事にしている。

T　**あなたもお母さんにそう思われているのかな?**

C　お母さんは、私と弟のことを宝物って言っていた。

C　え!?　うちのお母さんも!「しんちゃ〜ん♡一番の宝物〜♡」って。

C　私は、兄弟が大切だと思った。私は一人のときは悲しくて、泣いちゃう。妹ができてから泣かなくなった。嬉しくて、毎日なでなでしている。

C　お母さんは、僕のことを好きだと思う。お母さんに「どうしていつも笑っているの?」って聞いたら、「家族が好きだから」って言われた。

T　**「自分は宝物だなぁ」「命は宝物だなぁ」と思ったことはあるかな?**

【役割演技では、全員に役割を体験させたい!】

役割演技は体験的な学習だと言われています。役割演技には様々な手法があります。数名の演者を選出し、大多数の子はその演技を見る活動になっている場合も少なくありません。役割演技を見る活動を体験的な活動といってよいのでしょうか?　私は、体験的な活動というのであれば、その体験を全員が行うことが大事だと考えています。心情と行為をすり合わせたり、取り得る行為を選択させたり、心情と行為の齟齬や葛藤を意識させたりすることを体験的に学ぶために役割演技を活用したいです。

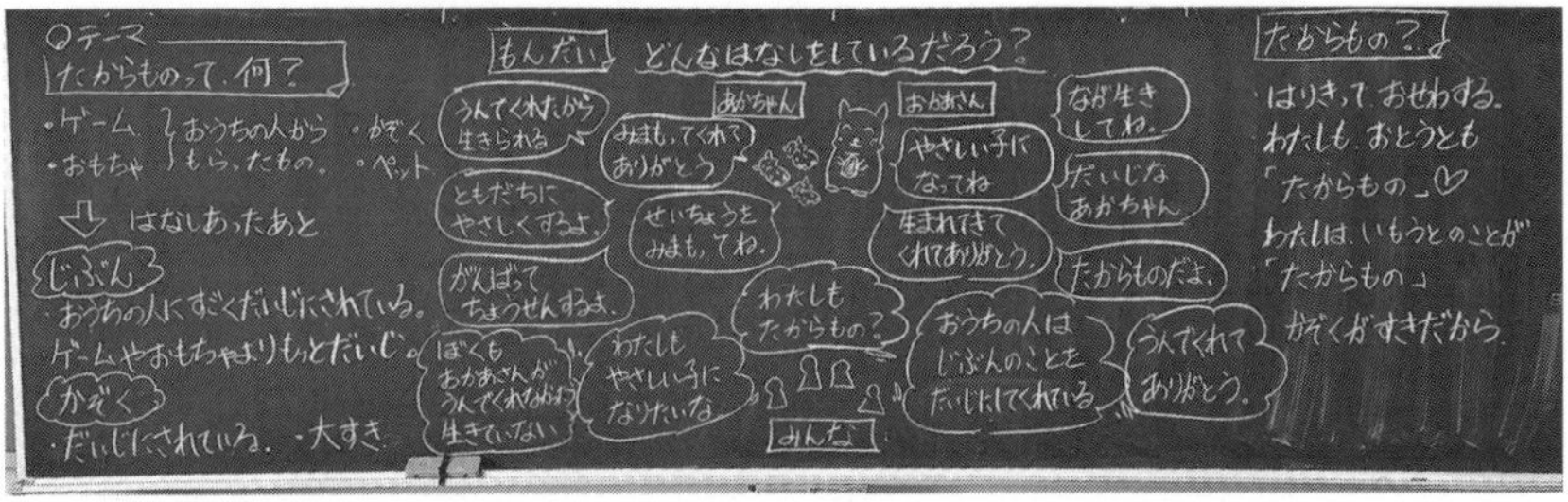

教材
5

金色の魚

A -(3) 節度、節制

教材のあらすじ

漁師のおじいさんは金色の魚を釣り上げる。魚は、逃がしてくれれば、お礼にどんな願いでも叶えると言う。無欲なおじいさんは、礼は要らないと言って魚を逃がすが、おばあさんは願いを言い出し、エスカレートしていく。最後には海の女王になりたいと言い、金色の魚は海に帰る。

教材を生かすポイントと発問例

ロシア民話で教訓が含まれた教材です。この教材から「わがままをはよくない」と考えるだけならば、場面ごとのおばあさんの気持ちを考えなくても、教材を読むだけでできるでしょう。

この教材では、わがままの範囲と意味を考えたり、心のアクセルとブレーキについて考えたりしたいです。

●教材のポイント

・おばあさんの願いがエスカレートしていく。
・おじいさんは願いを金色の魚に伝え、金色の魚は叶える。
・金色の魚が帰ると、元の粗末な小屋に戻る。

●教材のポイントを生かした発問例

○おばあさんの願いは、どこからがわがままだと思うか?
○金色の魚がおばあさんの願いを叶えることをどう思うか?
○もし、金色の魚が海に帰らず、おばあさんの願いを叶え続けたら?
○この教材から学ぶことは何か?

発問の組み立て例

組み立て1

おばあさんはどこからがわがままだったと思うかを選択し、なぜおばあさんは自分のわがままに気がつかなかったかを話し合うことを通して、わがままの成立条件とわがままにならないためにどうすればよいかを考えます。

	発問の組み立て
導入	○「わがまま言うんじゃないの！」って、言われたことはある？ **わがままって、どういうこと？**
展開	○教材を読んで心に残ったことや疑問は何か？ **❶あなたは、おばあさんはどこからがわがままだったと思うか？** 【C自己を認識する発問・教材】 **❷なぜ、おばあさんは暴走してしまった（自分のわがままに気がつかなかった）のか？** 【A価値を認識する発問・教材】
終末	○わがままと思われないためには、どうすればよいのだろう？ 【B価値を認識する発問・経験】

組み立て2

おばあさんを心のアクセルとブレーキを分析して、おばあさんのことをどう思うかを判断し、何がよくなかったかを話し合うことを通して、テーマ「心のアクセルとブレーキをどう使う？」について考えます。

	発問の組み立て
導入	○みんなは、心のアクセルとブレーキのどちらが強い人？ **心のアクセルとブレーキをどう使う？**
展開	○教材を読んで、何が問題だと思ったか？ **❶おばあさんを心のアクセルとブレーキで説明するとどうか？** 【A価値を認識する発問・教材】 **❷「海の女王になる」という夢を叶えたい、叶えてあげたいと思うことをどう思うか？** 【C自己を認識する発問・教材】 ○もし、このままおばあさんの願いが叶い続けたら、どうなるかな？
終末	○「心のアクセルとブレーキをどう使う？」について、考えたことは何かな？ 【B価値を認識する発問・経験】

わがままって、どういうこと？

C自己を認識する発問・教材 ▶ A価値を認識する発問・教材

こう組み立てる！

発問❶

あなたは、おばあさんはどこからがわがままだったと思うか？

一個はお礼をもらっていい。二個もらおうとするのがわがまま。

桶から急に大変なことに頼みすぎ！　お金持ちはわがまま。女王様は、完全にわがまま。暴走している！

発問❷

なぜ、おばあさんは暴走してしまった（自分のわがままに気がつかなかった）のか？

「あれもこれももらえる!?」って、欲しいものがどんどん増えた。

わがままになっているかは自分では気がつけない。他の人から言われることだから。人それぞれ基準も違うし。

こんなときは…

最後の場面で桶を見ながらうなだれるおばあさんは何を考えていたでしょう。

わがまましなければよかった。途中でやめておけばよかった。（ってことは、相手に許されればやってよい？）

　子どもたちは「わがまま言うんじゃないの！」とお家の人など大人から言われた経験があるでしょう。ところで、「わがまま」とはどういうことでしょう？　どうして「わがまま」になってしまうのでしょう？

　発問❶では、おばあさんがしたことのどこからがわがままなのかを考えます。

　発問❷では、おばあさんが自分のわがままに気がつかない理由を考えます。

ステップ1

おばあさんの願いのどこからがわがままなのかを考える

発問❶

あなたは、おばあさんはどこからがわがままだったと思うか？

C自己を認識する発問・教材

T　お礼をもらうのは悪いの？　金色の魚も「何でも願いを叶える」と言っていた。みんなはこの中だったら、どこからがわがままだと思う？

(ア) 何ももらわない　(イ) 桶　(ウ) お金持ち

(エ) 海の女王　(オ) その他

C　(イ)。金色の魚に出会えただけでもいい。何ももらわなくていいよ！

C　(イ)。おばあさん、よくばり。だって、金色の魚を捕まえたのはおじいさんで、おばあさんは関係ない!!

C　(ウ)。1個はお礼をもらっていい。2個もらおうとするのがわがまま。確かに。金色の魚が願いを叶えるって言ったんだもんね。

C　(ウ)。桶から急に大変なことを頼みすぎ！　お金持ちはわがまま。

C　(エ)は、完全にわがまま。暴走している!!

C　全部、わがままだと思う。(イ) はわがまま。(ウ) はもっとわがまま。(エ) はもっともっとわがまま。だから、全部わがまま。

導入では「『わがまま言うんじゃないの！』って言われたことはある？」と投げかけ、経験を想起させます。多くの子どもが言われた経験があるので、たくさん教えてくれると思います。そこで、テーマ「わがままって、どういうこと？」を設定します。

教材を読むと、「おばあさんがひどい！」や「なんでこんなにわがままなの？」といったつぶやきが聞こえてきます。しかし、金色の魚は「逃してくれたら、何でも願いを叶える。」と言っています。叶えてくれると言っているからおばあさんはお願いしているのです。それなのに、どこがわがままなのでしょうか？

発問❶では、おばあさんの願いのどこからがわがままに感じるのかを「桶」「お金持ち」「海の女王」「その他」から選び、話し合います。

C　（イ）。おじいさんはお金がなくてもおばあさんと暮らして、幸せだった。でも、おばあさんに話し、こんなことが起こった。

C　おじいさんもわがままなおばあさんに話すのを、我慢すればよかった。ってか、あんなわがままな人となんで一緒に過ごしているの？

C　おばあさんも本当は優しい人なんだと思う。でも、「もっと…、もっと…」って、暴走してしまったんだよ。

C　おばあさんだけではなくておじいさんも悪い。おばあさんから言われたことを金色の魚に言う。暴走を本気で止めようとしていない。

T　**なるほど。おばあさんは暴走してしまったんだね。うーむ。どこからがわがままなのかは人それぞれで、バラバラだね。**

ステップ2

おばあさんが自分のわがままに気がつかない理由を考える

発問❷
なぜ、おばあさんは暴走してしまった（自分のわがままに気がつかなかった）のか？

A価値を認識する発問・教材

C　「あれもこれももらえる!?」って、欲しいものがどんどん増えた。

C　おばあさんは、何個も何個ももらっていいって勘違いしちゃった。

　どこからがわがままかを合意するために話し合うわけではありません。わがままに対する感じ方は人それぞれであることを確認しました。ここでの確認が後の「わがままについての考え方は人それぞれ」「人から言われるからではなくわがままや欲張りはカッコ悪い」といった考えにつながったのだと思います。

　発問❷では、「なぜ、自分のわがままに気がつけなかったの？」と発問するつもりでした。しかし、前の話し合いで「暴走」という言葉がキーワードになっていたので、「なぜ、おばあさんは暴走してしまったのか？」としました。同じことを発問するにしても、子どもの言葉で発問することで、子どもの思考に寄り添います。

　終末では、わがままの暴走を止める心の在り方を考えました。

C　確かに。金色の魚も「願いは何個まで」って言っていなかった。

C　わがままになっているかは自分では気がつけない。わがままは、他の人から言われることだから。どう思うかは、人それぞれ違うし。

C　わがままや欲張りってカッコ悪い。人から言われるかじゃない。

T　**わがままや欲張りはカッコ悪いんだ。でも、みんなもおばあさんみたいに「もっと、もっと」って気持ちになることもあるんじゃないの？**

C　あるあるー。

T　**でも、おばあさんみたいにはなりたくない？**

C　なりたくない！　さすがにおばあさんはひどい。

C　わがままの暴走を止めるには、どうすればいいんだろう？

【リアクションは問い返し】

意図的に子どもの発言を繰り返したり、取り上げたりして全体に投げかけます。例えば、「どこからわがままなのかは人それぞれで、バラバラだね」や「わがままや欲張りはカッコ悪いんだ」「おばあさんみたいにはなりたくない？」などのリアクションです。これらは、発問ではないですが、子どもたちの思考を促しています。子どもたちからは、頷いたり、首を傾けたり、上を向いたりして考えている様子が伺えます。話し合いの内容を確認し、「みんなはどう思うか？」と投げかけながら進めていくイメージです。

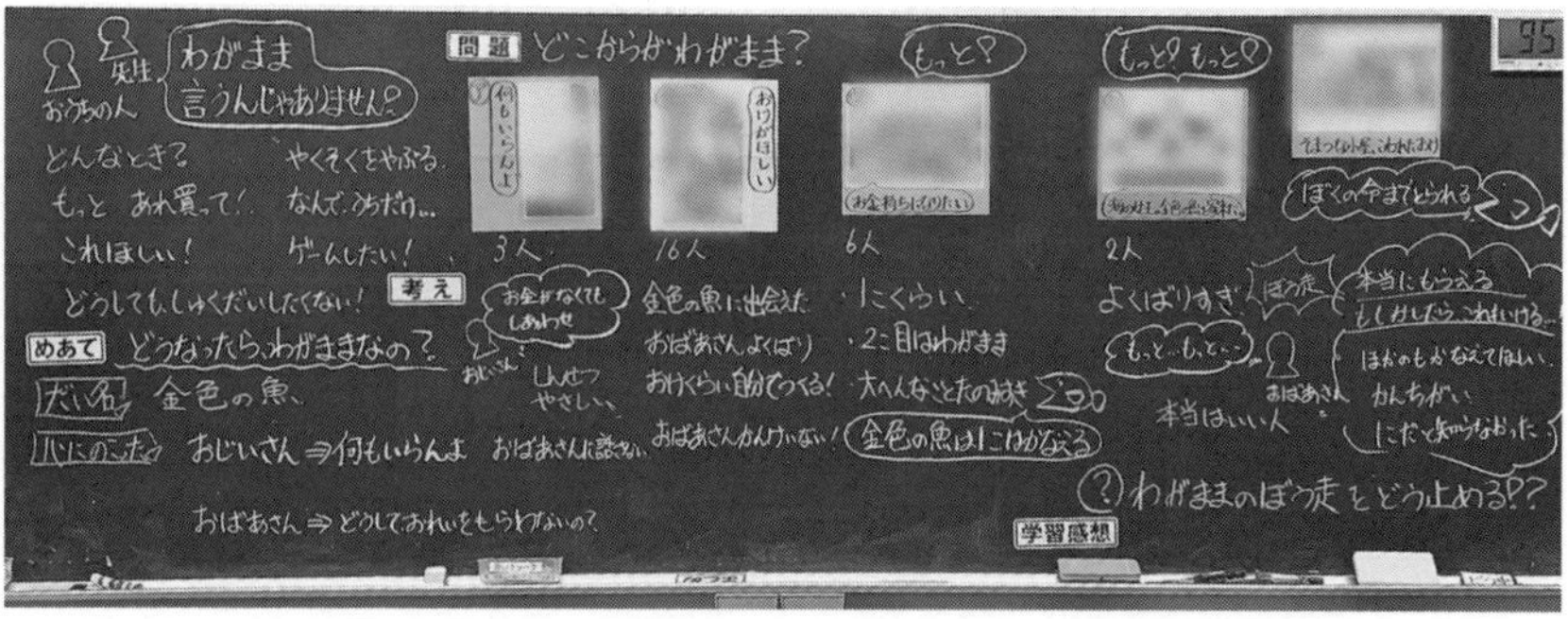

心のアクセルとブレーキをどう使う？

A価値を認識する発問・教材 ▶ C自己を認識する発問・教材

こう組み立てる！

発問❶

おばあさんを心のアクセルとブレーキで説明するとどうか？

おばあさんは、悪いことにアクセルを踏んでいた。どんどん悪くなっていった。

おばあさんはどんどん欲望が膨らんだ。ブレーキが利かなくなった。

発問❷

「海の女王になる」という夢を叶えたい、叶えてあげたいと思うことをどう思うか？

ぼくもお金持ちになりたい。でも、金色の魚にしてもらおうとするのは自分の力じゃないからダメ。

金色の魚が家来になったら、これからも願いが叶い続けてしまう。金色の魚の力を悪用して、大変なことが起こる。

こんなときは…

おばあさんの何が悪かったの？

わがままなところ！（何が悪いも何も…。全部悪いんじゃないの!?）

お金持ちや海の女王になりたいと願うことは悪いことでしょうか？ビッグマウスであったり、人と違うものを目指したりすることは、悪いことだと思いますか？

心のアクセルとブレーキを視点に考える発問の組み立てです。

発問❶では、おばあさんを心のアクセルとブレーキで分析し価値認識を促します。

発問❷では、おばあさんをどう思うかを判断させ、自己認識を促し、何が悪いかを考えます。

ステップ1

おばあさんを心のアクセルとブレーキで分析する

発問❶

おばあさんを心のアクセルとブレーキで説明するとどうか？

A価値を認識する発問・教材

C　おばあさんは、悪いことにアクセルを踏んでいた。ダメなんだけど、「もっと、もっと…」と、どんどん欲しいものが増えていった。

C　どっちかというと、ブレーキを踏めなくなった。止まらなかった。

T　**どういうこと？　もう少し詳しく教えて。**

C　おじいさんは「いらないよ」と言っていた。おばあさんは、桶、お金持ち、海の女王と欲望が膨らんだ。ブレーキが利かなくなった。

C　「欲しい、欲しい」のアクセルが強すぎて、ブレーキが利かない。

T　**おばあさんの欲望が膨らんだんだ。みんなにもそういうことあるの？**

C　ガチャガチャみたいな？「もう一回やりたい！」みたいな。

C　「あれも買って、これも買って！　欲しい！　欲しい！」ってなる。

C　ゲームもそうだよね。もう少し、あと少しってなる。

C　マンガのように「ざわ…ざわ…」ってなったんじゃない？（笑）

T　**でもさ、「お金持ちになりたい」「海の女王になりたい」って思うのは**

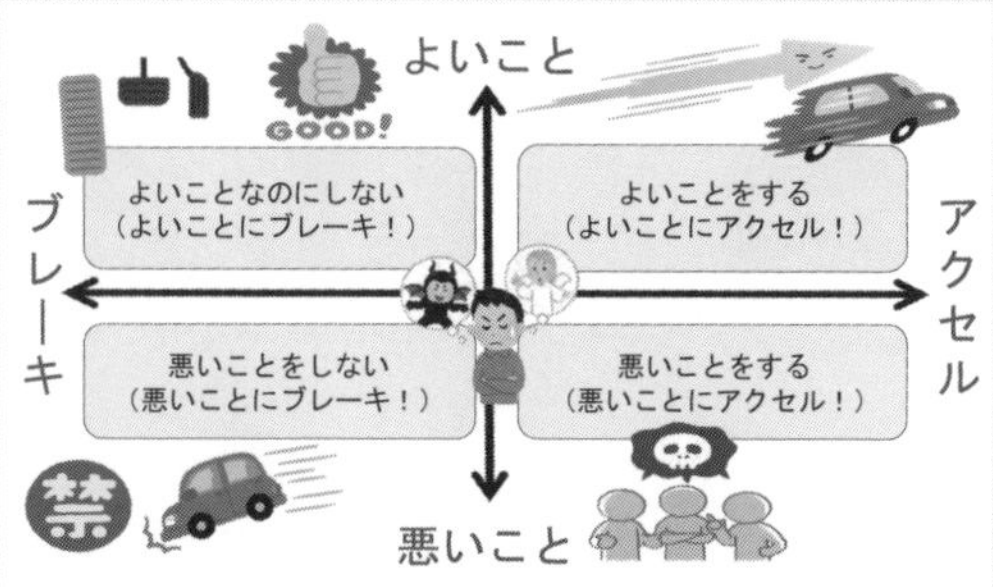

導入では、縦軸を「よいこと・悪いこと」、横軸を「アクセル・ブレーキ」とした図を紹介しました。自分を振り返り、この図のどこに当たるかを考えました。

発問❶では、おばあさんをアクセルとブレーキで分析します。

悪い？　先生もなれるならなりたいけど…。その願いを金色の魚が叶えてくれたんだよね。よいことにアクセルを踏んでいるんじゃない？

ステップ2
おばあさんをどう思うかを判断し、何がよくないかを考える

発問❷
「海の女王になる」という夢を叶えたい、叶えてあげたいと思うことをどう思うか？
C自己を認識する発問・教材

C　ぼくもお金持ちになりたい。でも、金色の魚にしてもらおうとするのは自分の力じゃないからダメ。自分でがんばってお金持ちになるならよい。
C　他の人にたくさんお願いするのが欲張り。わがまま。
T　**他の人に「あれもこれも…」ってたくさん頼むのがわがままなんだ？**
C　そう。よい方向へのアクセルを踏むのも自分の力じゃないと。
C　よい方向なの？　お金持ちとか海の女王とか、なんか欲張りな感じがする。
C　海の女王はよくない。だって、金色の魚を家来にしようとしている。
T　**そうか。金色の魚は自分が困る状況になるから、断ったんだ。もし、**

子どもが発言した「欲望」という言葉を使い、「みんなにもそういうことあるの？」と、経験があるかを問い返しました。「お金が欲しい」「偉くなりたい」と思っている人がいるのは当然です。それを確認し、次の発問につなげました。

発問❷では、おばあさんをどう思うかを判断し、何がよくないかを考えます。この教材は、おばあさんは、とてもわがままで欲深く悪い存在に感じます。教材のよい人物も悪い人物も、自分に近づけて考えられなければ他人事で終わります。おばあさんにも一理あると考えた上で、自分が何をよくないと感じているかを明らかにしていきました。

「おばあさんの願いが叶い続けたら、どうなるかな？」と追発問し、「一人の願い」がすべて叶うと、世の中がどうなるかを考えました。

このままおばあさんの願いが叶い続けたら、どうなるかな？

C　金色の魚が家来になったら、これからも願いが叶い続けてしまう。金色の魚の力を悪用して、大変なことが起こる。

C　困る人が増えるよ！　おばあさんのせいで国がめちゃくちゃになる。

C　自分だけではなく、みんなにとってのよい方向にアクセルを踏む。自分だけのよいはみんなにとっての困ることかもしれない。

T　**みんなにとってのよい方向か〜。なるほど。「心のアクセルとブレーキをどう使う？」について、考えたことは何かな？**

【教師の「わからない！　わかりたい！」で問い返す】

子どもたちの話の中で気づかないで通り過ぎてしまいそうな小さな考え方のズレが生まれるときがあります。

例えば、この授業の「アクセルを踏む」と「ブレーキを踏めなくなった」の違いです。この場面では、考えが違うことを「どっちかというと…」という言葉でヒントを出してくれました。私は、「アクセルを踏む」と「ブレーキを踏めなくなった」の違いを「わからない！　わかりたい！」と思い、明らかにしようと「もう少し詳しく教えて」と問い返したのです。

自分がわからないこと、自分の考え方と違うこと、クラスの子同士で考え方の違いが生まれたことを問い返すようにしています。

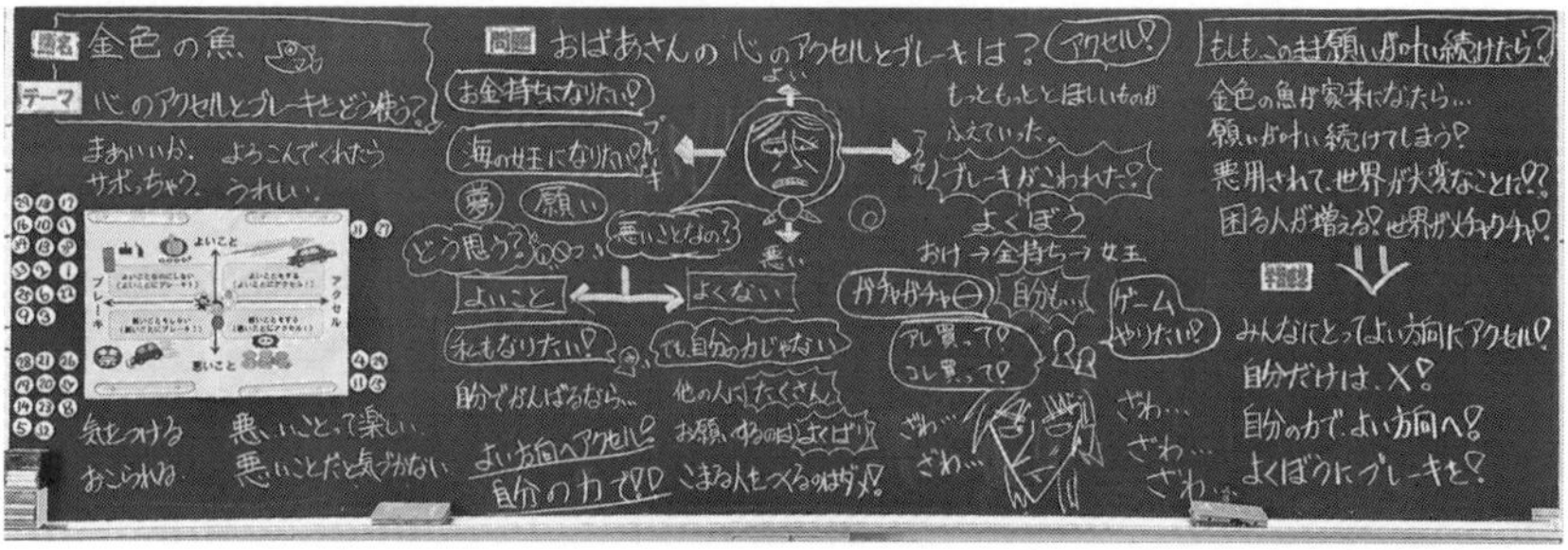

教材
6

絵はがきと切手

B -(9) 友情、信頼

教材のあらすじ

ひろ子は、転校した仲良しだった正子から絵はがきを受け取る。しかし、郵便料金不足だったため、お金を支払う。お母さんは、お礼だけ伝える方がよいと言い、お兄さんは、料金不足だったことを伝える方がよいと言う。ひろ子は迷ったが、料金不足のことを絵はがきに書き足す。

教材を生かすポイントと発問例

子どもたちと同年代の子の迷いを扱った生活に近い創作教材です。しかし、現代の子どもたちははがきを送った経験が少なく、定形外郵便だと料金が違うことや郵便料金不足分を受け取った相手が支払うことなどを知りません。教材を読む前に伝え、補う必要があります。

●教材のポイント

・お母さんは、お礼だけ伝える方がよいと言い、お兄さんは、料金不足だったことを伝える方がよいと言い、ひろ子が迷うこと。
・ひろ子は、正子とのこれまでのことを思い出したこと。
・ひろ子が、「正子さんなら、きっとわかってくれる」と、料金不足のことを絵はがきに書き足したこと。

●教材のポイントを生かした発問例

○あなたがひろ子だったら、どうするか？
○（お礼だけ伝えると料金不足を伝えるでは）どちらがよい友達か？
○正子はどちらの方が嬉しいか？
○なぜ、ひろ子は手紙に料金不足のことを書き足したのか？

発問の組み立て例

組み立て1

お礼だけ伝えると料金不足を伝えるではどちらがよい友達かを選択し、よい友達であるために大事なことは何かを話し合うことを通して、テーマ「よい友達って、どんな人？」について考えます。

	発問の組み立て
導入	○自分は、相手にとってよい友達になれているか？ **よい友達って、どんな人？**
展開	○教材を読んで、どう思ったか？ **❶（お礼だけ伝えると料金不足を伝えるでは）どちらがよい友達か？** 【C自己を認識する発問・教材】 ○なぜ、ひろ子は手紙に料金不足のことを書き足したのか？ **❷ここまでの話し合いで出された考えの中で、よい友達にはどれが大事だと思うか？** 【Eこれからの自己を展望する発問・教材】
終末	○「よい友達って、どんな人？」について、考えたことは何だろう？ 【B価値を認識する発問・経験】

組み立て2

お礼だけ伝えると料金不足を伝えるではどちらがよいかを選択し、どう手紙で伝えるかを話し合うことを通して、テーマ「友達に言いづらいことはどうすればいい？」について考えます。

	発問の組み立て
導入	○友達に言いづらいって思うことってある？ **友達に言いづらいことはどうすればいい？**
展開	○教材を読んで、何が問題だと思ったか？ **❶（お礼だけ伝えると料金不足を伝えるでは）あなただったら、どうするか？** 【C自己を認識する発問・教材】 **❷あなたがひろ子だったら、正子に料金不足を伝える手紙をどう書くか？** 【Eこれからの自己を展望する発問・教材】 ○どの手紙がよいと思うか？　その理由は何か？
終末	○「友達に言いづらいことはどうすればいい？」について、新しく気づいたことや大切だと思ったことは何か？ 【Eこれからの自己を展望する発問・教材】

よい友達って、どんな人？

C自己を認識する発問・教材 ▶ Eこれからの自己を展望する発問・教材

こう組み立てる！

発問❶

（お礼だけ伝えると料金不足を伝えるでは）どちらがよい友達か？

料金不足を伝える方がよい友達。今後も間違えてしまう。正子のことを思うなら伝える方がよい。

お礼だけ伝える方がよい友達。注意されて嫌になってしまうかもしれない。正子の気持ちを考えて伝えない。

発問❷

ここまでの話し合いで出された考えの中で、よい友達にはどれが大事だと思うか？

相手だったらと考えること。その上で、自分も相手もスッキリすることを選ぶことができる関係。

今まで仲良くしてきたから、わかってくれると信じて、言いづらいことも言える関係。

こんなときは…

（お礼だけ伝えると料金不足を伝えるでは）どちらがよいか？

料金不足を伝える方がよいと思う。（でも、私は伝えられない。「どの考えもいい」って言うけど、きっと、先生は料金不足を伝えるって言ってほしいと思っているよね。）

発問❶では、お礼だけ伝えると料金不足を伝えるでは、どちらがよい友達かを、「でもでもトーク」を通して、話し合います。どちらかを決めるのではなく、どちらの立場の考えも理解するための活動です。よい友達の条件を見出し、価値を認識することが目的です。

発問❷では、出された考えの中から大事だと思うものを選択し、話し合います。「こんな関係を築きたい」「友達にこうありたい」と展望することを促します。

ステップ1

どちらがよい友達かを選択し、よい友達の条件を見出す

発問❶

（お礼だけ伝えると料金不足を伝えるでは）どちらがよい友達か？

C自己を認識する発問・教材

T　隣の人と、「でもでもトーク」をしましょう。右側の人は「お礼を伝える」、左側の人は「料金不足を伝える」の考えを言います。先生の指示があるまで「でも、でも…」と言い合います。後で、交代します。

C　（ペアでの活動）

T　それでは、紹介してくれるペアはいませんか？

C　料金不足を伝える。今後も、正子は間違ってしまうかもしれない。

C　でも、注意されて正子は、嫌になってしまうかもしれない。

C　でも、友達には間違ってほしくないから、伝える方がよい。

C　でも、お礼だけの方が優しいよ。正子の気持ちを考えて伝えない。

（「でも…」「でも…」のラリーを繰り返す。）

T　「友達には間違ってほしくない」「友達の気持ちを考える」のが、大事

導入で「自分は、相手にとってよい友達になれているか？」と投げかけ「なれている」「なれていない」「わからない」で挙手させます。理由を話し合うことで考えのズレやわからない状況を生み、テーマ「よい友達って、どんな人？」への問題意識を高めます。

発問❶では、「お礼だけ伝える」と「料金不足を伝える」の二項の選択肢について、隣の人とペアになり「でもでもトーク」（詳しくは、55ページ参照）で考えます。

発問は、「どちらがよい友達か？」としています。しかし、どちらかに決めることは大事なことではありません。「でもでもトーク」によって、二項のどちらの立場も体験し、葛藤や迷いを実感することやよい友達の条件を多面的に考えることを大事にしています。

だと思ったんですね。見ていた人は、どう思いましたか?

C　どちらも友達のことを真剣に考えている。

C　相手にとって、よい方を選ぼうとしている。

C　友達だから料金不足を伝える?　友達だからお礼だけ?　どっち?

C　うーん。それは人によるのかも。

C　もしかしたらお礼だけの方（反対の立場）がいい気がしてきた。

T　**反対の考えでも、お互いの考えを認め合うということもいい友達には大事かもね。では、反対の立場もしてみましょう。**

C　（数組が、でもでもトークを全体の前で発表する）

ステップ2

考えの中から自分が大事だと思うものを選ぶ

発問❷

ここまでの話し合いで出された考えの中で、よい友達にはどれが大事だと思うか?

E これからの自己を展望する発問・教材

T　こんな考え（A〜E）が出てきたね。この中からよい友達に大事だと思うことを選んで、手を挙げてください。いくつ選んでもよいですよ。

A：相手のために、自分ができることをすること

「正子はどちらの方が嬉しいか?」や「なぜ、ひろ子は手紙に料金不足のことを書き足したのか?」などの追発問によって、よい友達の条件をさらに多面的に考えていきます。

出された考えを抽象化し、よい友達の条件をA・B・C…と整理・分類します。

発問❷では、整理・分類したよい友達の条件の中で、大事だと思うもの、共感するものを挙手によって選択・判断させ、話し合います。

終末では、「自分は、相手にとってよい友達になれているか?」と、改めて投げかけました。すると、授業のはじめよりも「なれていない」や「わからない」が増えました。「聞いてみないとわからない」と、相手を意識する発言が聞かれました。「よい友達って、どんな人?」について考えを書き、授業を終えました。

B：相手の気持ちを考えること
C：言いづらいことも相手を信頼して話せること
D：どんなことでも気にせず、正直に話せること
E：お互いの気持ちをわかり合えること
どうして、その考えを選んだか、教えてください。（以下、省略）

【考えをラベリング】

対立的な考えが出される発問で、黒板に考えを書いて並べるだけで終わりにするのはもったいないです。他の考えに目を向けさせます。

子どもたちの考えを整理・分類して板書します。板書した考えにA・B・C…と印をつけて、注目させてもよいです。そして、「この中で一番納得できる考えはどの考えかな？」「自分はどの考え方が一番大事だと思う？」などと問い、選択させます。「似ている考えや違う考えはどれかな？」「（登場人物）は、どんな考えがつながって○○できたのかな？」などを話題に話し合うこともあります。

自分と他の人の考えの似ている点や違う点を比較し、他の考えに納得したり、自分の考えに自信をもったりして考えを深めることを促します。

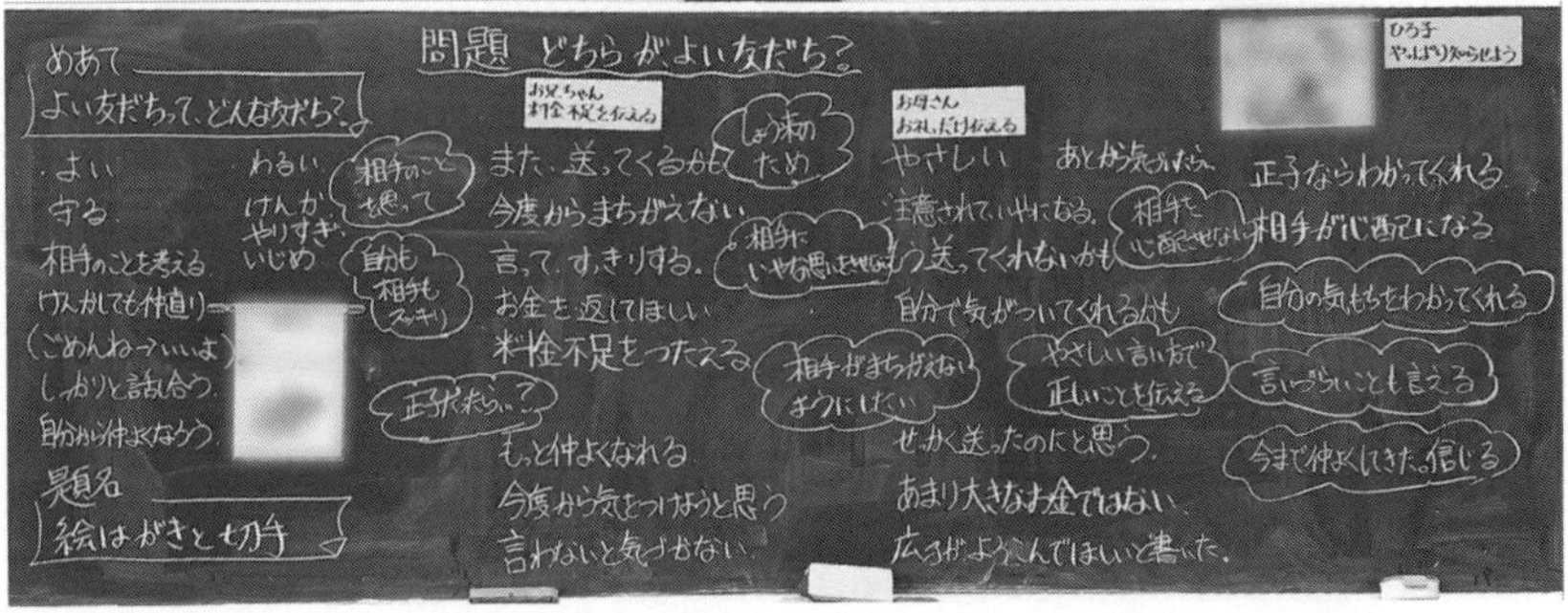

友達に言いづらいことはどうすればいい？

C自己を認識する発問・教材 ▶ Eこれからの自己を展望する発問・教材

こう組み立てる！

発問❶

（お礼だけ伝えると料金不足を伝えるでは）あなただったら、どうするか？

料金不足を伝える。友達には、間違っていることは、間違っていると伝える。

わかるけど…。お礼だけ伝えると思う。友達に嫌な思いをさせたくないし、友達に嫌われてしまう。

発問❷

あなたがひろ子だったら、正子に料金不足を伝える手紙をどう書くか？

感謝の気持ちや思い出をいっぱい書く。料金不足は最後に気にしていないことがわかるように軽い感じで伝える。

料金不足を丁寧な言葉で伝える。料金不足の絵はがきが来てどんなことを考えたか、どうして伝えようと思ったかを書く。

こんなときは…

あなただったら、どうする？

電話する！　メールする！（たくさん意見は出るけど、この授業で何を学べばよいの？　何の意味があるの？）

自分だったらどうするかを考える問題解決的な組み立てです。

発問❶では、教材の問題場面で自分だったらどうするかを、「お礼だけ伝える」「料金不足を伝える」から選択し、自分の価値観を認識することを促します。

発問❷では、料金不足をどう伝えるか、手紙の文面を考え、どの伝え方がよいかを検討し、これから友達に言いづらいことがあったとき、どうするかを展望できるようにします。

ステップ1

自分だったらどうするかを考える

発問❶

（お礼だけ伝えると料金不足を伝えるでは）あなただったら、どうするか？

C自己を認識する発問・教材

T **お礼だけ伝えるか料金不足を伝えるか。どちらかに、磁石を貼って、自分と違う考えの人と話してきましょう。（訪ね歩き）**

T **どうですか？**

C 料金不足を伝える。間違いをちゃんと伝える。

C お金を返してほしいから？

C 違う。言ったら自分も言えてスッキリする。相手も大きなはがきは、お金がかかるとわかって、スッキリする。お互いスッキリする。

C 言ってスッキリしたいだけじゃない？　たった60円。言わなくていい。

C 言った方がいいのもわかるけど…。言えない。お礼だけ伝えると思う。友達に嫌な思いをさせたくないし、友達に嫌われてしまう。

C 正子のことを思っているなら、お礼だけの方が嬉しい。

T **正子は、どちらが嬉しいんだろう？**

C 正直に伝えても、正子は「あーそうだったんだ」って言って、もっと

導入では、「友達に言いづらいって思うことってある？」と投げかけます。中学年ともなると、友達には言いづらいことを胸に秘めている子も少なくはないと思います。そもそも話しづらいことなので話さないと思いますが、話せたとしても、ギスギスするので発言は求めません。

発問❶では、お礼だけ伝えると料金不足を伝えるでは、自分だったら、どうするかを考えました。

ネームプレートもよいですし、タブレットを使ってもよいと思います。しかし、私は、出席番号を書いた磁石を黒板の隅に貼っておき、いつでも使えるようにしています。出席番号なら、毎年使えます。

C　仲良くなれる。ちゃんと伝えたら相手も嬉しくなると思う。

C　ちゃんと伝えてもらった方がいいよ。伝えてもらわなかったらこれからも続いちゃって、他の人に迷惑をかけてしまうじゃない。

C　もしお礼だけ伝えたら、後からわかったときに、「なんで教えてくれなかったの?」って、なっちゃうかもしれない。

T　**どちらの考えもわかるね。でも結局、料金不足のことを手紙に書くことにしたよね?　なぜ、ひろ子は伝えようってなったんだと思う?**

C　間違ったことは言っていない。言い方に気をつけて言えばよい。

C　言っても正子ならわかってくれるって思った。もし、喧嘩になってもすぐ仲直りできる。友達だから大丈夫だと思った。

ステップ2

料金不足を伝える場合、どう手紙に書くかを考える

発問❷

あなたがひろ子だったら、正子に料金不足を伝える手紙をどう書くか?

Eこれからの自己を展望する発問・教材

T　自分だったらどう手紙を書くか、タブレットで入力してください。

T　どの手紙がよいと思いますか?

「正子はどちらの方が嬉しいか?」と立場を変えて考えたり、教材でひろ子が料金不足を伝えた理由を考えたりしてします。

発問❷では、タブレットで手紙を書き、料金不足を伝える場合、どう手紙に書くかを考えます。オンライン掲示板アプリ(Padlet)で見合い、内容を検討することで、友達に言いづらいことをどうするかを考えます。

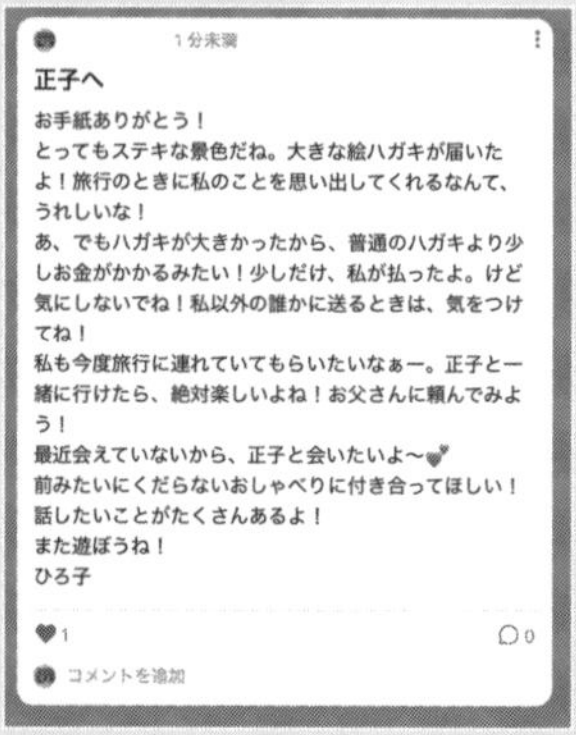
1分未満
正子へ
お手紙ありがとう!
とってもステキな景色だね。大きな絵ハガキが届いたよ!旅行のときに私のことを思い出してくれるなんて、うれしいな!
あ、でもハガキが大きかったから、普通のハガキより少しお金がかかるみたい!少しだけ、私が払ったよ。けど気にしないでね!私以外の誰かに送るときは、気をつけてね!
私も今度旅行に連れていてもらいたいなぁー。正子と一緒に行けたら、絶対楽しいよね!お父さんに頼んでみよう!
最近会えていないから、正子と会いたいよ〜
前みたいにくだらないおしゃべりに付き合ってほしい!
話したいことがたくさんあるよ!
また遊ぼうね!
ひろ子
1
0
コメントを追加

C　○○さんが書いた手紙。感謝の気持ちや思い出をいっぱい書いていて、料金不足は最後に気にしていないように軽い感じで伝えている。

C　私も○○さんの手紙の書き方がいいと思う。相手がどう思うかをすごく考えている。自分のことを考えて、書いてくれている感じがする。

C　□□さんの手紙。料金不足を丁寧な言葉で伝えている。料金不足の絵はがきが来てどんなことを考えたか、なぜ伝えようと思ったか、自分の思いをしっかりと書いて伝えている。

T　**「友達に言いづらいことはどうすればいい？」について、新しく気づいたり、大切だと思ったりしたことは何かな。ノートに書きましょう。**

【二項で考える】

組み立て1も2も、「お礼だけ伝える」と「料金不足を伝える」の二項を示し、考えています。しかし、その意図は違います。

組み立て1では、二項のどちらの立場も体験し、葛藤や迷いを実感することを大事にしています。そのため、「でもでもトーク」の活動をしています。

組み立て2では、二項から選択し、対立して話し合うことで、自分の考えを磨くことを大事にしています。そのため、磁石を使って立場を表明して、違う立場の意見をもつ人と話し合う活動にしています。

似た発問でも、意図によって、問い方や活動を変えていきたいです。

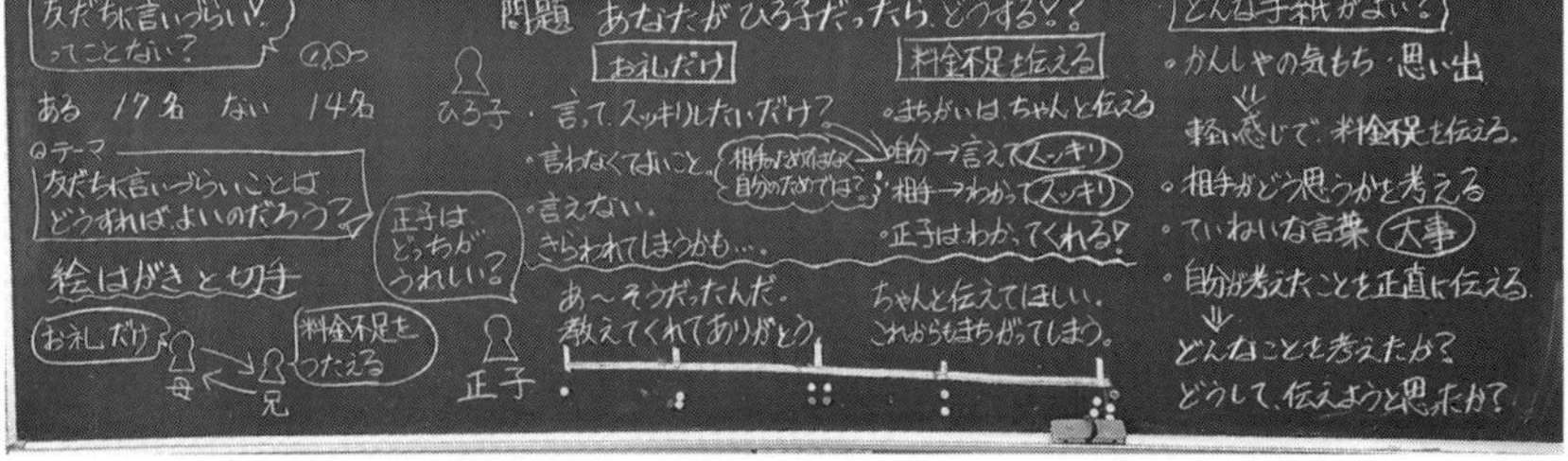

教材 7

ブラッドレーのせいきゅう書

C -⑭ 家族愛、家庭生活の充実

教材のあらすじ

ブラッドレーは、お母さんに対して、自分がしているお手伝いのお駄賃として、お小遣いを請求する。お母さんは、お小遣いとお母さんからの請求書を渡す。請求書には、「病気の看病代0円」などお母さんの仕事が0円と書かれていた。ブラッドレーは涙を流して反省した。

教材を生かすポイントと発問例

中学年の子どもたちと同年代のブラッドレーが登場し、お小遣いが題材となっているため子どもたちの生活にも近い教材です。生活に近いからこそ、ブラッドレーがお小遣いを請求書でもらおうとすることやお母さんが請求書を渡すことはインパクトがあります。

●教材のポイント

・ブラッドレーがお母さんに、請求書を渡すこと。
・お母さんが0円の請求書をブラッドレーに渡すこと。
・ブラッドレーとお母さんの違い。
・ブラッドレーが、お母さんの請求書を見て、涙を流すこと。

●教材のポイントを生かした発問例

○ブラッドレーはどんなことを思って請求書を渡したのだろう？
○なぜ、ブラッドレーのお母さんの請求書は0円なのだろう？
○ブラッドレーとお母さんの違いは、どんなところだろう？
○なぜ、ブラッドレーは涙を流したのだろう？
○ブラッドレーのお母さんのことを、どう思うか？

発問の組み立て例

組み立て1

ブラッドレーとお母さんを比較し、お母さんがブラッドレーに教えたかったことを話し合うことを通して、テーマ「家族と、どうかかわっていく?」について考え、これからの自己を展望できるようにします。

	発問の組み立て
導入	○お家の人に何か言われて、「うるさいなぁ！」って思うことあるでしょ？ **家族と、どうかかわっていく？**
展開	○教材を読んで、心に残ったことや疑問に思ったことは何かな？ **❶ブラッドレーとお母さんは、どう違うの？** 【A価値を認識する発問・教材】 **❷お母さんが伝えたかったことは、何だったのだろう？** 【A価値を認識する発問・教材】 ○みんなの家族はみんなのことをどう思っているんだろうね？
終末	○家族と、どうかかわっていく？ 【Fこれからの自己を展望する発問・経験】

組み立て2

ブラッドレーがお母さんに請求書を渡した理由や、今後ブラッドレーがどうしていくかを考えること通して、テーマ「どうして、家族を大事にできないときがあるのだろう?」について考え、自己を認識できるようにします。

	発問の組み立て
導入	○これ（ブラッドレーの請求書の絵）を見て、どう思う？ **どうして、家族を大事にできないときがあるのだろう？**
展開	○教材を読んで、心に残ったことや疑問に思ったことは何かな？ **❶なぜ、ブラッドレーはお母さんに請求書を渡したの？**【A価値を認識する発問・教材】 ○みんなもブラッドレーのようになってしまうことはない？ **❷あなたがブラッドレーだったら、今後どうしていくだろう？** 【Eこれからの自己を展望する発問・教材】
終末	○「どうして、家族を大事にできないときがあるのだろう？」について、どんなことを考えた？　みんなは、家族を大事にできている？ 【D自己を認識する発問・経験】

家族と、どうかかわっていく？

A価値を認識する発問・教材 ▶ A価値を認識する発問・教材

こう組み立てる！ ← こんなときは…

発問❶

ブラッドレーとお母さんは、どう違うの？

ブラッドレーは自分のことしか考えていない。お母さんは家族のことを考えている。

お母さんは、教えようとしている。ブラッドレーに気づいてほしかったんだと思う。

発問❷

お母さんが伝えたかったことは、何だったのだろう？

お金の価値。簡単にお金を稼いでいるわけではない。お小遣いも、お家の人が稼いだ大事なお金だということ。

お母さんは家族のための仕事でお金をもらっていない。助け合うのが家族だということを教えたい。

なぜ、お母さんの請求書は、0円なの？

ブラッドレーへの愛だと思う。(でも、なんか0円の請求書を渡すお母さん、怖くない？　いじわるっぽい。こんなこと思うの私だけ？　言っちゃダメかな？)

　この教材を読むと、ブラッドレーとお母さんの対照的な二枚の請求書に問題意識が高まります。そこで、ブラッドレーとお母さんを比較する発問をします。すると、「教えたいことや伝えたいことがあって、請求書の値段を0円にした」という考えが出されます。

　そこで、お母さんがブラッドレーに何を伝えたかったのかを考え、家族の思いを想像し、これからの家族とのかかわり方を考えることにつなげていきます。

ステップ1

請求書から、ブラッドレーとお母さんを比較する

発問❶

ブラッドレーとお母さんは、どう違うの？

A価値を認識する発問・教材

C　請求書の値段が違う。お母さんの請求書は０円。

C　ブラッドレーはお金が欲しいと思ってお使いや掃除をしている。留守番でお金をもらうなんて変。それだったら、お母さんは何万円ももらえる。家の仕事に値段を付けたらいったいいくらになるの？

C　お母さんがしていることを、ブラッドレーはちょっと手伝っただけ。

C　ブラッドレーはお金のためにしている。ブラッドレーはブラッドレーのためにしている。家族のために、いつも、当たり前にしている仕事。

C　ブラッドレーは自分のことしか考えていない。お母さんは家族のことを考えている。家族への思いが、全然違う。

C　でも、お母さんは請求書を渡さなくてもよかったと思う。お小遣いを渡さないで、「こんなやり方、ダメです」って、言えばよかった。

C　お母さんは、ブラッドレーに気づいてほしかった。家族とはどういうものかを教えようとしているのだと思う。

中学年ともなると、家族に対し不満を感じている子もいます。わがままになっていく我が子に苦戦しているお家の人も少なくありません。

授業の導入では、「お家の人に何か言われて、『うるさいなぁ』って思うことあるでしょ？　先生もあったなぁ」などと投げかけて、子どもたちに共感を示します。各家庭のことですので、具体例を聞き出す必要はありません。

中学年にもなるとお家の人に不満をもっている子がいるという現状と、不満をもっている自分を認識させます。しかし、中学年の子は、本当はまだまだ家族のことが大好きです。不満をもっている現状をよいと思っている子は少ないはずです。

そこに、テーマである「家族と、どうかかわっていく？」をみんなで考えていく必然性が生まれます。

ステップ2

お母さんが教えたかったこと・伝えたかったことは何かを考え、家族とはどういう関係なのかを考える

発問❷

お母さんが伝えたかったことは、何だったのだろう?

A価値を認識する発問・教材

C　お金は、働いて稼ぐもの。ブラッドレーみたいに、お使いに行ったとか、掃除したみたいにちょっと手伝ったくらいではない。大事なもの。

C　家族のための仕事では、お金はもらえないこと。お母さんは、お金のためにに仕事をしているのではなく、家族のために仕事をしている。

T　**どうして、お家の人は、お金をもらえないのに家族の仕事をするの?**

C　家族のことが、好きだから。「家族は、一番大事。お金には代えられない」って、お父さんが言っていたよ。

C　自分たちの子どもなんだから、育てる責任がある。

T　**責任だから、嫌々しているの?**

C　う〜ん…。なんていうか、家族の愛?

T　**好きという思い、責任、お金には代えられないのが、家族の愛なんだ。みんなのお家の人はどうかな?　みんなのことをどう思っているの?**

発問❶で、ブラッドレーとお母さんを比較することで、考え方の違いが明らかになったり、気になるワードが生まれたりします。

発問の組み立てとは、発問を複数並べれば、それでよいということではありません。子どもの発言の言葉を用いて、次の発問につなげ、発問を「組み立て」ます。子どもたちが自分の考えによって、授業が進む感覚をもてるようにしたいです。

発問❷では、ブラッドレーのお母さんの思いから、自分の家族の思いを重ねて想像し、考えていきます。

終末では、家族に対して不満や思いを伝える機会が少ないことに共感を示します。教師の子どものときの話をしてもよいでしょう。テーマに戻り、「家族と、どうかかわっていく?」と、これからの自己を展望し、考えを書きます。

C　いや〜……。どうかなぁ？　聞いてみないとわからない。

C　私のために、いろいろとしてくれている。きっとすごく思ってくれている。

T　家族で生活していると、その思いを伝えることは少なくなるよね。

C　毎日一緒だから、恥ずかしくなっちゃう。

T　そうだよね。先生が子どもだったときも、そうだったなぁ。お家の人に、つい「うるさいなぁ！」って思ってしまう。今日の授業でみんなは、家族とどうかかわっていきたいと思ったかな？

【考える必然性を生む導入】

導入で、内容項目の価値を扱うテーマを示す授業が増えました。しかし、テーマは、設定すればよいというわけではありません。子どもたちが切実感をもって考えるように、導入で考える必然性を生むようにしたいです。

今回の授業では、改善したいと思う自分たちの現状を認識することで、考える必然性を生み出そうとしました。他にも、わかっているつもりになっていたと気づいたときや自分と他の人との認識の違いに気づいたときに、子どもたちは考える必要があると感じるでしょう。

子どもたちの実態から、考える必然性が生まれる導入を工夫したいです。

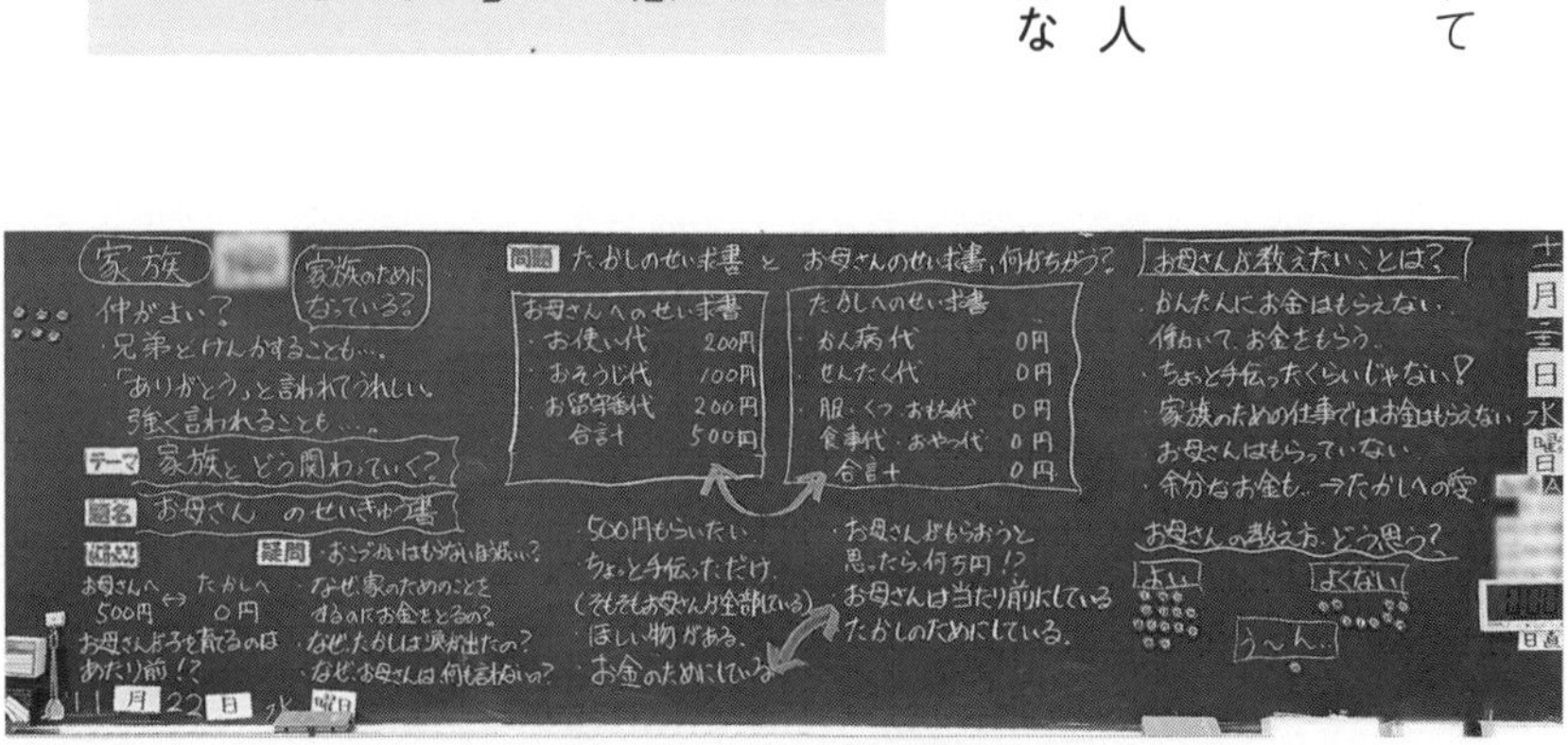

※板書では「お母さんのせいきゅう書」（日文・光文）を使用

なぜ、家族を大事にできないときがあるの？

A価値を認識する発問・教材 ▶ Eこれからの自己を展望する発問・教材

こう組み立てる！

発問❶

なぜ、ブラッドレーはお母さんに請求書を渡したの？

「もっとお小遣いをくれたらいいな」って軽い気持ちで。私もそう思っちゃうときある。

家族にしてもらっていることが当たり前になっている。感謝の気持ちを忘れちゃう。

発問❷

あなたがブラッドレーだったら、今後どうしていくだろう？

大事にされているってわかって、自分も家族をもっと大事にすると思う。

自分からお手伝いするようになるかも。家族にしてもらっているから、自分にできることをすると思う。

こんなときは…

涙を流したとき、ブラッドレーは、どんな気持ちだった？

ブラッドレーは、反省した。（でも、私には関係ない！ブラッドレーは、ひどいけど、私はそんなことしていないし！）

　ブラッドレーが涙を流すのがこの教材の特徴の一つです。反省する思いを考える授業も大事ですが、楽しい展開になるとは思えません。そこで、ブラッドレーの涙を生かしつつ、明るくこれからを展望できるよう発問を組み立てました。

　発問❶では、ブラッドレーがお母さんに請求書を渡した理由から自己を認識することを促します。

　発問❷では、涙を流すブラッドレーの今後を考えることで、これからの自己を展望します。

ステップ1

ブラッドレーがお母さんに請求書を渡した理由を考える

発問❶

なぜ、ブラッドレーはお母さんに請求書を渡したの？

A価値を認識する発問・教材

C　請求書のことを知って、「うまくいくかな？」って試したくなった。
C　「お小遣いをもらいたい」って気持ちが抑えられなくなってしまった。
C　「お使いもしたし、掃除もしたし、お小遣いをもらう権利がある！ついでにお留守番のことも書いておこう」みたいな感じで書いた。
C　自分のことで頭がいっぱいで、お母さんの気持ちなんて考えていない。
C　何も考えてないんだよ。「つい」というか、「ふざけて」というか。
C　お母さんにしてもらっていることが当たり前になってしまっている。
T　**みんなもブラッドレーのようになってしまうことはない？**
C　請求書はない。おやつを買うために「お小遣いちょうだい」って言う。
C　お手伝い頼まれて、面倒だなって思う。
C　「宿題、終わったの？　お風呂、早く入りなさい！」とか言われる。
C　家族がいつもしてくれるから、当たり前になってしまっているんだよ。
T　**さっきも「当たり前」って言葉が出てきたね。家族がしていることっ**

請求書は、子どもの生活の中でなかなか出会いません。導入では、請求書とは何かを説明しました。ブラッドレーの請求書の値段の部分を隠して提示することで、値段に注目させます。値段を見せると「なんで？」「ひどい！」などと言うでしょう。そこで、テーマを「どうして、家族を大事にできないときがあるのだろう？」と設定しました。

中学年ともなると、家族に対し不満を感じている子もいます。なぜ、不満をもってしまうのか、家族を大事にしているかを振り返って考えるためのテーマです。

発問❶では、ブラッドレーが請求書を渡した理由から、自分もそのようになってしまうことがあるかを考え、自己認識を促しました。

ブラッドレーと自分を比べながら自分の経験を話しました。

て当たり前なの？　当たり前だと思う人？　違うと思う人？

C　親なんだから、当たり前。親の責任。

C　子どもは勉強するのが仕事だと思う。

C　お家の人だって仕事をしている。なのに、家族のこともしている。

C　お母さんは、家族のために当たり前にしてくれる。でも、自分はしてもらっているだけ。自分がしなきゃいけないこともある。

C　そもそも掃除は誰の仕事？　自分がしたっていいはず。

T　**すごい！　自分で、毎日、お家の掃除をしているの？**

C　たまに…。してもらっているんだから、当たり前だと思うのはひどい。

C　そう。できないなら、ありがとうって思わないといけない。

C　でも、ありがとうって気持ち、忘れちゃう。それで、イライラする。

T　**なるほどね。ブラッドレーもお母さんの請求書を見て、涙していたね。**

ステップ2

ブラッドレーの今後を考え、これからの自己を展望する

発問❷

あなたがブラッドレーだったら、今後どうしていくだろう？

Eこれからの自己を展望する発問・教材

子どもたちの話の中で「当たり前」というキーワードが出されました。そこで、「家族がしてくれていることを『当たり前』だと思うか？」と問い、挙手によって、自分の価値観を表現させました。

「親だから当たり前」という責任・役割などの親の立場から考える子と「当たり前だと思うのは違う」という子どもの立場から考える子の対立が生まれ、議論が盛り上がりました。

発問❷では、お母さんの請求書を見て涙を流したブラッドレーに自分を重ねて考えることで、これからの自己を展望します。

家族を大事にするとは、お手伝いをすることだけではありません。家族への感謝の気持ちをもったり、お小遣いについての考えを改めたり、自分にできることを考えます、

C　家族にしてもらっていたことに気づいて、お金はいらないって思った。

C　でも、お小遣いは欲しい。お金をもらうときは、しっかりお願いする。

C　お金を大事にするようになる。無駄なものは買わない。

C　ブラッドレーは反省した。お家の人を大事にするようになった。大事にされているってわかって、自分も家族をもっと大事にすると思う。

C　自分からお手伝いするようになるかも。家族にしてもらっているから、自分にできることをすると思う。

T　**みんなは、家族を大事にできている？「どうして、家族を大事にできないときがあるのだろう？」について、どんなことを考えた？**

【子どもの発言のキーワードに注目して問い返す】

子どもの発言を並べるだけでは深い授業にはなりません。子どもの発言をただ聞いているだけではいけません。一人一人の子どもの言葉をよく聞き、子どもの思考に沿って、授業を展開していく必要があります。何度も出されているような言葉やみんなが引っ掛かり気になるような言葉などのキーワードを探り、見つけていきます。子どもの発言のキーワードを使い、問い返すことで、子どもたちに考える必然性が生まれます。授業は、教師が進めるものではなく、自分たちの対話の中で進んでいくものだという意識をもたせることで、子どもたちの授業への主体的な参加を生みます。

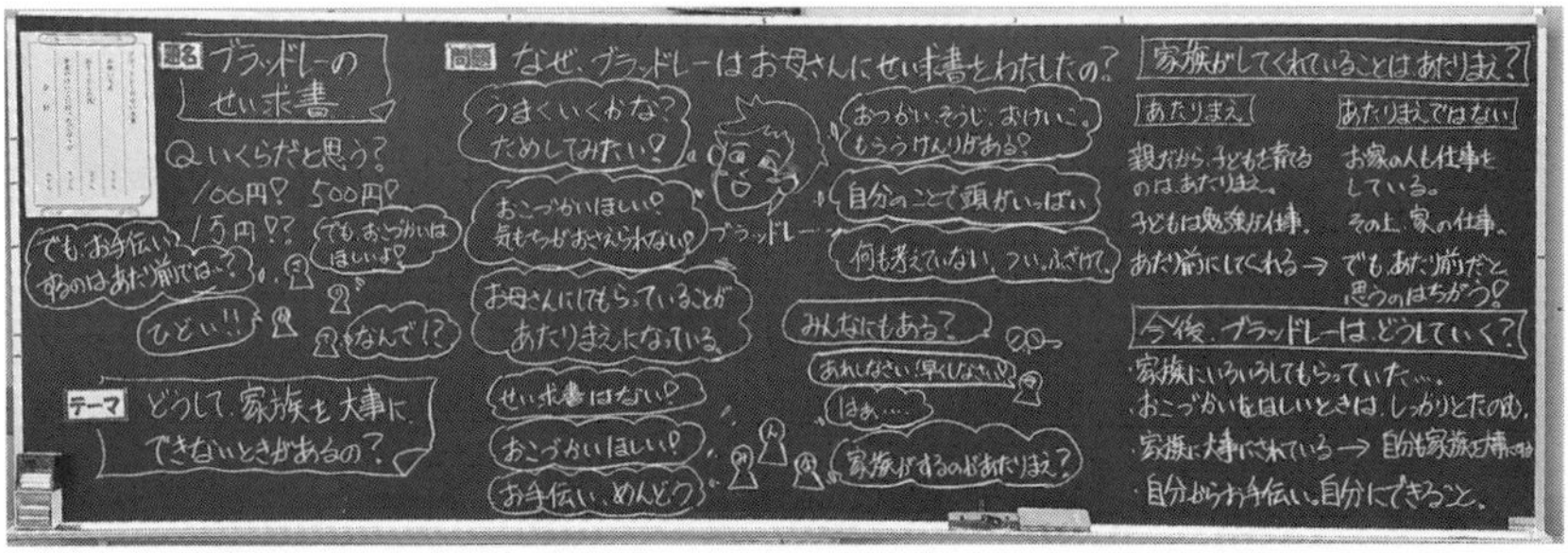

教材
8

ヒキガエルとロバ

D-⒅ 生命の尊さ

教材のあらすじ

アドルフたちが、飛び出してきたヒキガエルに、「気持ち悪い」といって石を投げる。すると、重い荷車を引く年老いたロバが農夫にムチを叩かれやってくる。ロバは力を振り絞り、ヒキガエルを避ける。それを見たアドルフの手から石がすべり落ちる。

教材を生かすポイントと発問例

ヒキガエルに石を投げるアドルフたちと、必死にヒキガエルを避けて助ける重い荷車を引く年老いたロバの対比を描いた寓話教材です。現実から少し離れた世界観のある教材のよさを生かして、子どもたちの豊かな想像力を発揮できるような授業にしていきたい教材です。

●教材のポイント

・アドルフたちが石を投げ、ヒキガエルにいたずらをしたこと。
・アドルフが持っていた石を落としたこと。
・荷物をもった年老いたロバが、ヒキガエルをよけたこと。
・ヒキガエルに対するアドルフたちや農夫と、ロバとの違い。

●教材のポイントを生かした発問例

○アドルフたちがヒキガエルに石を投げているとき、どんな気持ち？
○ロバとヒキガエルを眺めるアドルフたちは何を考えている？
○なぜ、ロバはそこまでしてヒキガエルを避けたのだろう？
○アドルフたちとロバの違いは、何だろう？

発問の組み立て例

組み立て1

アドルフたちとロバとを比較し、なぜそこまでして、ロバがヒキガエルを助けたかを話し合うことを通して、テーマ「命を、どう大事にしていく?」について考えます。

	発問の組み立て
導入	○この絵（アドルフたちが石を投げる場面の絵）を見て、どう思う？ **命を、どう大事にしていく？**
展開	○教材を読んで、心に残ったことや疑問に思ったことは何かな？ **❶アドルフたちとロバは、どう違うの？** 【A価値を認識する発問・教材】 **❷なぜそこまでして、ロバはヒキガエルを助けたの？** 【A価値を認識する発問・教材】 ○みんなは、命を大事にしているの？
終末	○「命を、どう大事にしていく？」について、考えたことは何だろう？ 【D自己を認識する発問・経験】

組み立て2

アドルフたちや農夫がヒキガエルやロバの命を大事にしない理由や、今後アドルフたちがどうしていくかを話し合うことを通して、テーマ「(命は、大事だとわかっているのに)どうして、命を大事にできないのだろう?」について考えます。

	発問の組み立て
導入	○この絵（アドルフたちが石を投げる場面の絵）を見て、どう思う？ **どうして、命を大事にできないのだろう？**
展開	○教材を読んで、心に残ったことや疑問に思ったことは何かな？ **❶なぜ、アドルフたちや農夫は（ヒキガエルやロバの）命を大事にしないの？** 【A価値を認識する発問・教材】 ○みんなもアドルフたちや農夫のようになってしまうことはないの？ **❷この後、あなたがアドルフたちだったら、どうするだろう？** 【Eこれからの自己を展望する発問・教材】
終末	○「どうして、命を大事にできないのだろう？」について、考えたことは何だろう？ 【D自己を認識する発問・経験】

命を、どう大事にしていく？

A価値を認識する発問・教材 ▶ A価値を認識する発問・教材

こう組み立てる！

発問❶

アドルフたちとロバは、どう違うの？

アドルフたちはいじわるな心しかもっていない。ロバには優しい心がある。

ロバはムチで叩かれて痛みをわかっている。気持ちがつながっている。

発問❷

なぜそこまでして、ロバはヒキガエルを助けたの？

動物にも自分と同じ命があるって考えたら助けないわけにはいかない。

命は、カエルに一つ。ロバも一つだし、私たち人間にも、命は一つ。

こんなときは…

ロバはどんな気持ちだった？ それを見たアドルフたちは、どんな気持ちになった？

ロバはヒキガエルを助けたいと思った。アドルフたちは反省した。（道徳の時間って、どうして気持ちばかり聞くの？　もう飽きちゃった！）

アドルフたちとロバを比較し、ロバがヒキガエルを助けた理由を考えます。

すると、命が大事である理由として、生き物の種類や体の大きさに関係なく命は一つであり、価値は平等という考えが出されます。

しかし実際は、子どもたちにもアドルフたちのように、虫などを粗雑に扱った経験があります。授業の後半では、この矛盾を投げかけ、「命を、どう大事にしていく？」を考えていきます。

ステップ1

ヒキガエルに対するアドルフたちとロバの姿を比較する

発問❶

アドルフたちとロバは、どう違うの?

A価値を認識する発問・教材

C　三人は、カエルをいじめた。けれど、ロバは守った。優しさが違う。

C　三人はどうカエルにいじわるをしようかを考えている。反対に、ロバは、相手の気持ちを考えて、小さな命だからこそ大事にしていた。

T　**みんなは、カエルの気持ちを考えたことあるの?**

C　それは、ないなぁ(笑)。アドルフたちと一緒だ。

C　アドルフたちは、命のことなんて全然考えていない。ロバは、カエルの命のことを考えて、助けている。

C　三人は、生き物の命がどれだけ大事かわかってない。

T　**でもさ、アドルフたちもきっと「命は大事にしなさい」って言われたことあるよ? 命が大事って知らない人なんていないんじゃない?**

C　知ってはいたけど、わかってはいない。

C　そう。知ってはいるけど、気持ちがない。心がない。

C　三人は「たかがヒキガエルなんて」って気持ちで、ロバは、自分と同

授業の導入では、アドルフたちがヒキガエルに石を投げる場面の絵を見せました。子どもたちは、「ひどい!」「かわいそう!」と口々に言います。そんな中、自分たちのことを振り返り、「でも、ぼくたちも…」と、理科で観察したモンシロチョウや飼っていたカニを死なせてしまったことを思い出した子がいました。その考えに共感する子が多かったので、テーマを「命を、どう大事にしていく?」と設定しました。

教材を読み、心に残ったことや疑問を聞きました。アドルフたちを責めるような意見とロバに感動する意見が出されました。そこで、発問❶は、「アドルフたちとロバは、どう違うの?」としました。アドルフたちとロバを比較して考えることで、命に対する考え方の違いから価値に対する認識が深まると考えました。

じ生き物だからという気持ちでじっと優しい目で見ていた。

T　たかがカエルの命と考えるか、自分と同じ生き物の命と考えるか…。命に対する考え方の違いだね。でも、ロバは荷物もたくさん持っていて、ムチで叩かれて、自分もすごく辛い思いをしていたよね？

ステップ2

ロバを突き動かしたのはどんな思いだったかを考える

発問❷

なぜそこまでして、ロバはヒキガエルを助けたの？

A価値を認識する発問・教材

C　動物にも自分と同じ命があるって考えたら助けないわけにはいかない。

C　自分も叩かれて辛いけれど、目の前に死にそうなカエルがいる。このままだと死んでしまう。辛さもあるけれど、命の方が重い。

C　ロバは、命が一つしかないことをわかっている。生き物はみんな一人に一つしか命がない。

C　命は、カエルに一つ。ロバも一つだし、私たち人間にも、命は一つ。

T　**授業の最初にも言っていたけれど、アリは？　カニは？　蚊は？**

C　蚊は、正当防衛じゃない…？

話題は、アドルフたちが命を粗末に扱う理由とロバがヒキガエルを助けた理由に、自然と移りました。

そこで、ロバが年老いていて、重い荷車を引き、ムチで叩かれて辛い思いをしていることを確認します。

発問❷は、「なぜそこまでして、ロバはヒキガエルを助けたの？」としました。

子どもたちからは、「命の平等性」（すべての生き物に命がある）「命の唯一性」（命は一つしかない）についての考えが出されました。

そこで、導入で出された粗雑に扱ってしまった小さな生き物の命も同様であることを指摘しました。自分たちの経験から価値を認識することを促す意図がありました。

終末では、テーマに戻り、「命を、どう大事にしていく？」について自分の考えを書いてまとめました。

C でも、蚊にも命があるんだよ。蚊もアリも人間も命は一つしかない。

C 蚊に刺されても、薬をつければかゆくなくなるけど、蚊を叩いてしまったら、死んでしまう。

C 嫌なことがあっても人間は殺し合わない。それと同じ。蚊も殺さない。

C でもさぁ…。

C カエルだから、人間だからではない。ふざけてやっていても、相手は嫌なことがあるかもしれない。人は、優しくしなければいけない。人と人で優しさを大切にすれば、命も大切にできる。

T なるほど。でも、難しいね。みんなは、命を、どう大事にしていく？

【子どもたちとテーマを設定する】

教科化されて、導入で価値や内容項目の言葉を使ったテーマを教師から提示する授業が多くなりました。他の教科で馴染みのある「めあて学習」「課題解決学習」に近いイメージの授業です。他の教科でも同じですが、めあてや課題は、子どもの思考や問いに沿って柔軟に設定したいです。

この教材の授業では、アドルフたちがヒキガエルに石を投げる場面の絵を見せ、子どもたちの思考に沿った言葉でテーマを設定しました。組み立て1と2では、場面絵への反応が違ったため、テーマも違う文にしました。

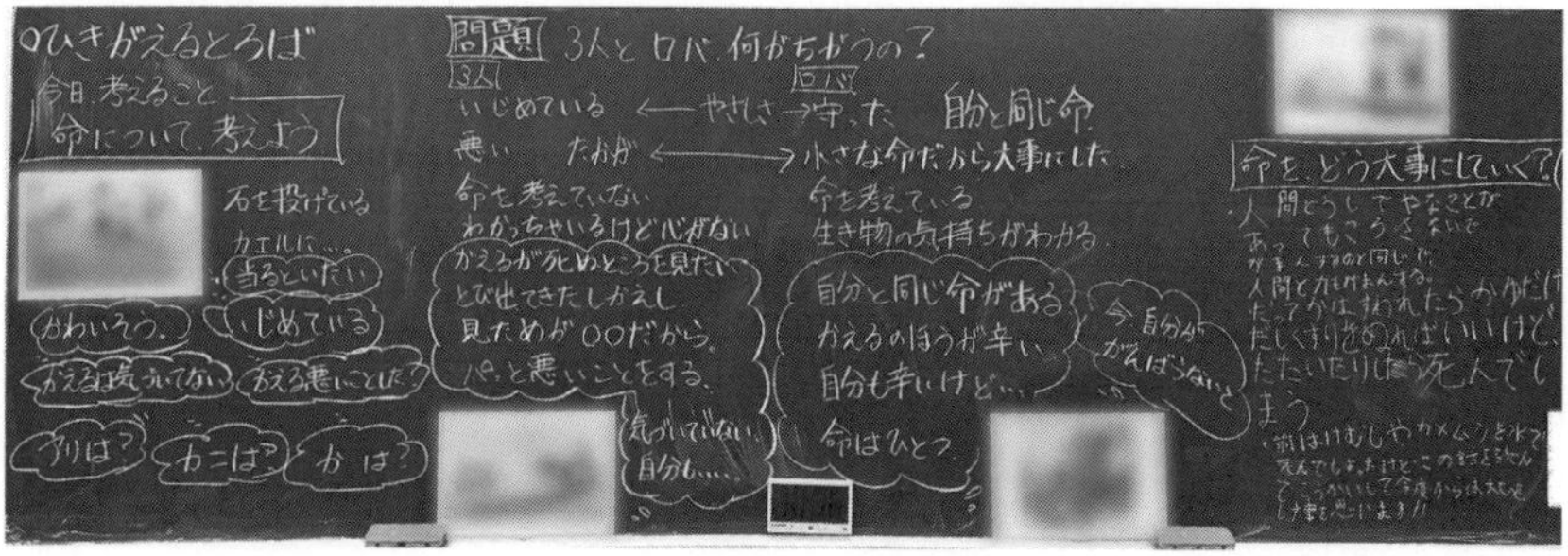

どうして、命を大事にできないのだろう？

A価値を認識する発問・教材 ▶ Eこれからの自己を展望する発問・教材

こう組み立てる！

発問❶

なぜ、アドルフたちや農夫は（ヒキガエルやロバの）命を大事にしないの？

「自分がやられたら…」を考えていない。自分の悪さに気づけていない。

動物たちは話せない。苦しさを知らない。自分が安全なのが当たり前になっている。

発問❷

この後、あなたがアドルフたちだったら、どうするだろう？

「どうしてロバがしていることを自分たちはできないのか？」と、反省した。

自分の悪さに気づいた。これからは、自分が誰かを傷つけていないかを考える。

こんなときは…

ロバは、どんな思いでヒキガエルを避けたの？

辛いけど、大事な命だから助けたい。（アドルフたち、変だよ！　もっと、アドルフたちのことを話したいのに！　だいたいロバに思いがあるの？）

アドルフたちの変容から考えていく発問の組み立てです。

子どもたちは、この教材に「どうして、命を大事にできないのだろう？」という思いを持ちました。

発問❶では、アドルフたちや農夫が命を大事にしない理由を考え、わかっていても大事にできない自分を認識することを促します。

発問❷では、ロバの姿を見て、行動を改める（であろう）三人に、自分を重ね、これからの自己を展望できるようにします。

ステップ1

アドルフたちや農夫が命を大事にしない理由を考える

発問❶

なぜ、アドルフたちや農夫は（ヒキガエルやロバの）命を大事にしないの？

A価値を認識する発問・教材

C　三人は、自分がやられたらどんな思いになるかを全く考えていない。

C　動物たちは話せないし、仕返ししないからいいやと思っている。

C　苦しみを知らないから、自分の悪さに気づいていない。

C　農夫は、荷物を届けるのが遅くなったら、自分が怒られると思って、ロバにムチを打ち続けた。

C　ロバの様子なんて見ていない。気にしていないから。

C　気持ちをわかっていない。こういう人は、相手の苦しさもわからないし、優しさにも気づけない。

C　自分は大切にされていて、安全だから。普通に生活できていることが当たり前になっていて、命の大事さに気づけない。

T　**みんなもアドルフたちや農夫のようになってしまうことはないの？**

C　正直、虫にいたずらしたことある…。

C　私はアドルフみたいなことはしない。犬のお世話を毎日しているし。

子どもたちは、導入で場面絵を見て、「どうして、命を大事にできないのだろう？」と憤りに近い思いをもちました。そこで、その思いをそのままテーマにしました。

教材を読んでもその思いをもち続けたので、発問❶では、アドルフたちや農夫が命を大事にしない理由を考えることにしました。

内容項目でいうと、A-(1)「善悪の判断、自律、自由と責任」にかかわるようなテーマや発問です。この授業をしたクラスは、全体的に善悪の判断を誤ってしまう雰囲気のあるクラスでした。子どもたちの思考に沿って、授業を展開し、自分の行動を振り返る機会にしたいと考えました。D-(18)「生命の尊さ」に関連させて、考えることができる授業になればよいと判断しました。

T　命を大事にするって、ペットのことだけなのかな？　ペットを飼っていない人は命を大事にできない？　しなくていい？

C　そうじゃない！　友達を大切にすることも命を大事にすることだと思う。

T　アドルフたちは、ロバの姿を見て石をポトリと落としたんだよね？

ステップ2

アドルフたちに自分を重ね、命への向き合い方を考える

発問❷

この後、あなたがアドルフたちだったら、どうするだろう？

E これからの自己を展望する発問・教材

C　約束したわけじゃないけど、命を大切にしようということになった。自分たちで、命を大切にする雰囲気になった。

T　ヒキガエルやロバに対してだけ？

C　生き物全部に。自分の命も、友達の命も大事にした。

C　ヒキガエルを助けて、命を大切にしたロバを見て、反省した。

T　反省って、どういうこと？

C　ヒキガエルに石を投げていたのは、ただの遊びだと思っていた。気づ

「みんなもアドルフたちや農夫のようになってしまうことはないの？」と投げかけ、命を大事にした経験やしなかった経験から、自分を認識することを大事にしました。

発問❷では、アドルフたちの反省の思いを自分と重ねながら命との向き合い方を考え、これからの自己を展望することを意図しました。

終末はテーマに戻り、考えたことを書いてまとめました。

【子どもの感想】

・生き物に対して優しい人、いたずらをする人がいる。ロバのまなざしで三人は変わったと思う。今日の授業で私も変わった気がする。

・人間は気づかないうちに悪いことをする。私もアリを踏んでしまったことがある。気持ちに負けないでしっかりと考えて、命を大事にする人になりたい。

いて、なんて悪いことをしてしまったのかとゾッとしている。

C　どうして、ロバにできることをできないのか…。生き物に石を投げてはいけないなんて当たり前なのに。やっぱり、悪いことは悪い。

T　命を大事にするのは当たり前なんだね。そんな当たり前のことなのに、考えていないと、大事にできないときってあるんだね。どうして、命を大事にできないのだろう？　考えたことを書きましょう。

【願いをもって授業を展開する】

内容項目Ａ・(1)「善悪の判断、自律、自由と責任」にかかわるテーマや発問で授業が展開しました。子どもたちは、善悪の判断を誤ってしまうクラスの状況をよく捉えていました。担任としても、自分たちを変えるきっかけにしてほしいと願いました。教材の内容項目と多少ズレがあっても、子どもの思考や教師の願いを大事にして授業をしてよいと、私は考えます。

【登場人物の変容を生かした発問の組み立て】

道徳科の教材には、登場人物の行動や気持ちが変容する教材があります。そのような教材では、「どう変わったか？」「なぜ変わったか？」「今後、どうなるか？」など、登場人物の変容を生かした発問で授業を組み立てます。

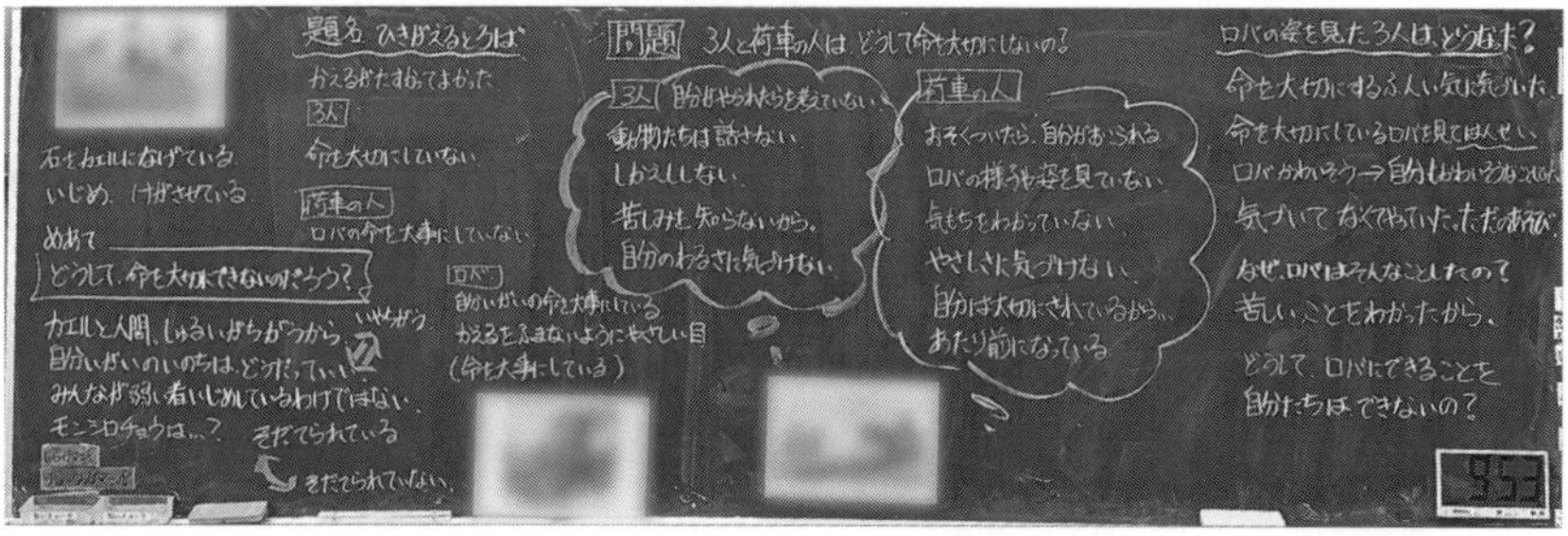

天からの手紙

A -(6) 真理の探究

教材のあらすじ

雪害を防止したいと考えていた中谷宇吉郎は、写真集の雪の結晶の美しさに感動し、雪の研究を始める。雪の核になるものを求めて実験を続け、うさぎの毛を利用し雪の結晶づくりに成功する。宇吉郎は、上空の気象状態を伝える雪の結晶を「天からの手紙」だと思う。

教材を生かすポイントと発問例

宇吉郎のあきらめない心に着目するとA -(5)「希望と勇気、努力と強い意志」について考える授業に終始してしまいます。内容として関連があるので、あきらめないことについて考えることは悪いことではありませんが、先の見えない、答えのない雪の研究を続けた宇吉郎の姿から、「真理を探究すること」について考えていきたい教材です。

●教材のポイント

・ベントレーの写真集で美しい雪の結晶を見て研究を始めた。
・雪の性質を調べて、雪害を防ぐだけでなく利用しようと考えた。
・仲間に無理と言われても、雪の核を見つけようと考え続けた。
・うさぎの毛を使い、雪の結晶ができたのは偶然。
・上空の気象状態を伝える雪の結晶を「天からの手紙」だと思う。

●教材のポイントを生かした発問例

○宇吉郎は、どんな思いから、雪の研究を続けたのか？
○雪の研究を続けた宇吉郎のことをどう思うか？

発問の組み立て例

組み立て1

宇吉郎が研究を続ける目的は、自分のためなのか、人のためなのかを話し合うことを通して、テーマ「どのよう思いが、探究心をもち続けることにつながるのか？」を考え、これからの自己を展望できるようにします。

	発問の組み立て
導入	○「探究」という言葉から、どんなことをイメージするか？ **どのような思いが、探究心をもち続けることにつながるのか？**
展開	○教材を読んで、心に残ったことや疑問に思ったことは何か？ **❶宇吉郎は、何のために雪の研究を続けたのか？** 【A価値を認識する発問・教材】 **❷あなたは、宇吉郎が、自分のために研究を続けたと思う？　誰かのために研究を続けたと思う？** 【C自己を認識する発問・教材】
終末	○どのような思いが、探究心をもち続けることにつながるのか？ 【Eこれからの自己を展望する発問・教材】

組み立て2

宇吉郎がどうやって雪の結晶を作ることに成功したのかを考え、自分は真理を求める宇吉郎に共感できるかを話し合うことを通して、テーマ「真理を求めるとは？」について考え、価値を認識できるようにします。

	発問の組み立て
導入	○「真理」という言葉から、どんなことをイメージするか？ **真理を求めるとは？**
展開	○教材を読んで、心に残ったことや疑問に思ったことは何か？ **❶宇吉郎は、どうやって「天からの手紙」を受け取れるようになったのか？** 【A価値を認識する発問・教材】 **❷雪の研究を続け、真理を求める宇吉郎に共感できるか？　共感できないか？** 【C自己を認識する発問・教材】 ○これからあなたは、どんな真理を求めていくのだろうか？
終末	○真理を求めるとは？ 【A価値を認識する発問・教材】

探究心をもち続けるには？

A価値を認識する発問・教材 ▶ C自己を認識する発問・教材

こう組み立てる！

発問❶

宇吉郎は、何のために雪の研究を続けたのか？

自分が興味をもったから。調べるのが楽しくて仕方がない。

「雪が重い」という問題を解決したい。誰かを助けたい。

発問❷

あなたは、宇吉郎が、自分のために研究を続けたと思う？誰かのために研究を続けたと思う？

私だったら、「自分のため」に研究を続けると思う。「誰かのため」も大事だけれどそれだけでは続かない。

最初は、「自分のため」にしていたことがだんだんと「誰かのため」になっていったんじゃない？

こんなときは…

宇吉郎のすごいところは、どんなところですか？

宇吉郎が、諦めないで雪の研究を続けたところがすごい。（偉人はみんな努力をしている。これは、すごい人の話。私には無理だな。）

この教材には、宇吉郎が研究を続けた理由として、自分の疑問を解決したい・興味があるという「自分のため」と雪害を防ぐ・雪を利用するといった「誰かのため」のどちらも描かれています。

そこで、自分なら何のために研究を続けるか、「自分のため」「誰かのため」から選択して話し合っていきます。

どのような思いが、探究心をもち続けることにつながるのかを考えていきます。

ステップ1
宇吉郎が研究を続ける目的を考える

発問❶
宇吉郎は、何のために雪の研究を続けたのか？
A価値を認識する発問・教材

C 「どうして、日本の雪は重いのか？」って、疑問に思っていたから。「自分で調べたい」という思いが強かった。
C 新しいことを発見して、有名になりたかったんじゃない？
C 大発見したら、お金ももらえるし。
T **確かに。教科書にお話が残るくらい有名になっているもんね。**
C 雪に困っている人を救いたい。雪の害を防いで、雪を利用するため。
C それもあるけど、美しい雪の結晶に夢中になったんだと思う。
C どうにかして雪の結晶を作りたいと思って、実験を繰り返した。
C 雪の結晶から上空の状況がわかれば、助かる人がいる。雪で困っているみんなのために、雪の研究を続けたんだと思う。
T **なるほど。疑問を解決したいとか、自分が発見したいなどの「自分のため」という考えと、雪害を防ぎたい、助けたいなどの「誰かのため」という考えがあるね。**

導入では、「探究」の意味を「物事の真相・価値・在り方などを深く考えて、すじ道をたどって明らかにすること」(三省堂『スーパー大辞林3.0』)と伝えました。「探究」という言葉からイメージすることを聞き、テーマ「どのような思いが、探究心をもち続けることにつながるのか？」を設定しました。

発問❶では、宇吉郎が研究を続ける目的を考えました。「なぜ？」と理由を問うのではなく、「何のために？」と目的を問いました。目的を問うことで、「研究すること自体が目的」という考えが言語化されるのではないかと考えました。

「諦めない」などの努力や強い意志や、お金や名誉といった私欲の内容の発言も含め、考えを広げました。その考えを「自分のため」と「誰かのため」を視点に左右に分けて板書しました。

ステップ2

何のために研究を続けたのか、「自分のため」「誰かのため」から選択して話し合う

発問❷

あなたは、宇吉郎が、自分のために研究を続けたと思う？　誰かのために研究を続けたと思う？

C自己を認識する発問・教材

C　「誰かのため」。日本の雪が重い問題を解決して、雪で起こる害を減らして、困っている人を助けたいって気持ちだったと思う。

C　「誰かのため」も大事。でも、それだけでは続かない。自分だったら「自分のため」に研究を続ける。大発見をしてお金持ちになりたい。

C　「自分のため」だけど、自分が雪のことを調べたくてやっていると思う。お金のことや有名になることなんて、きっと考えていない。

C　諦めなかったのは、雪の結晶を作ってみたいという思いだと思う。

C　最初は、「自分のため」にしていた研究が、成功が近づいてきて、だんだん「誰かのため」になるっていう嬉しさに変わっていった。

C　雪の問題の解決が、宇吉郎のしたいこと。自分の興味と問題が同じ。

T　**探究心は、宇吉郎のようなすごい人にだけで、みんなにはないよね？**

C　そんなことない。きっと気がついていないだけ！

発問❷では、研究の目的が「自分のため」と「誰かのため」とでは、どちらだと思うかを挙手で選択させました。二項に分けて考えることで、「自分だったらどう思うか」と、宇吉郎に自分を重ねて考えることを促しました。また、「どちらでもあった」や「自分のためが、結果として誰かのためになった」など、二項の枠を飛び越え、どちらかではない考えが出されることを期待していました。

偉人の話であっても、自分とは違う遠い世界のものと思ってほしくありません。そこで、「探究心は、みんなにはないよね？」と少し煽るように聞き、「探究心がある・もちたい」という思いを引き出しました。

「先生はどうなの？」と聞かれたので、用意はしていなかったですが説話を語り、授業を終えました。

C　総合的な学習で健康について考えているのは探究じゃない？

C　そんなこと言うけど、先生にはあるの？　探究心。

T　先生にはあるかも。授業の本を読むのが好きって話したことあるでしょ？　みんなと授業したり、そのことをまとめたり、発表したりするのも好き。みんなとする楽しい授業を探究しているのかもしれません。みんなは、今日の学習でどのような思いが、探究心をもち続けることにつながると思ったかな？

【求められたタイミングが説話のチャンス！】

教師の説話で終わる授業があります。子どもは先生の語る話を好意的に受け取ります。しかし、用意してきたよい説話は子どもとのズレが起きがちです。説話で終わると白々しい感じが出てしまい、私は苦手です。せっかく子どもたちが考えてきたのに、最後のいいところを教師が奪う感じがします。

授業中に「先生はどう？（どう思うの？）」と聞かれることがあります。子どもに求められたときが、説話のチャンスです。私は、その場で考え、できたこともできなかったことも、本音で話すようにしています。

授業を「子どもが主役」「子どもと共に創る」と捉えたとき、子どもの必要感が生まれたタイミングでする説話が自然なのかなと思っています。

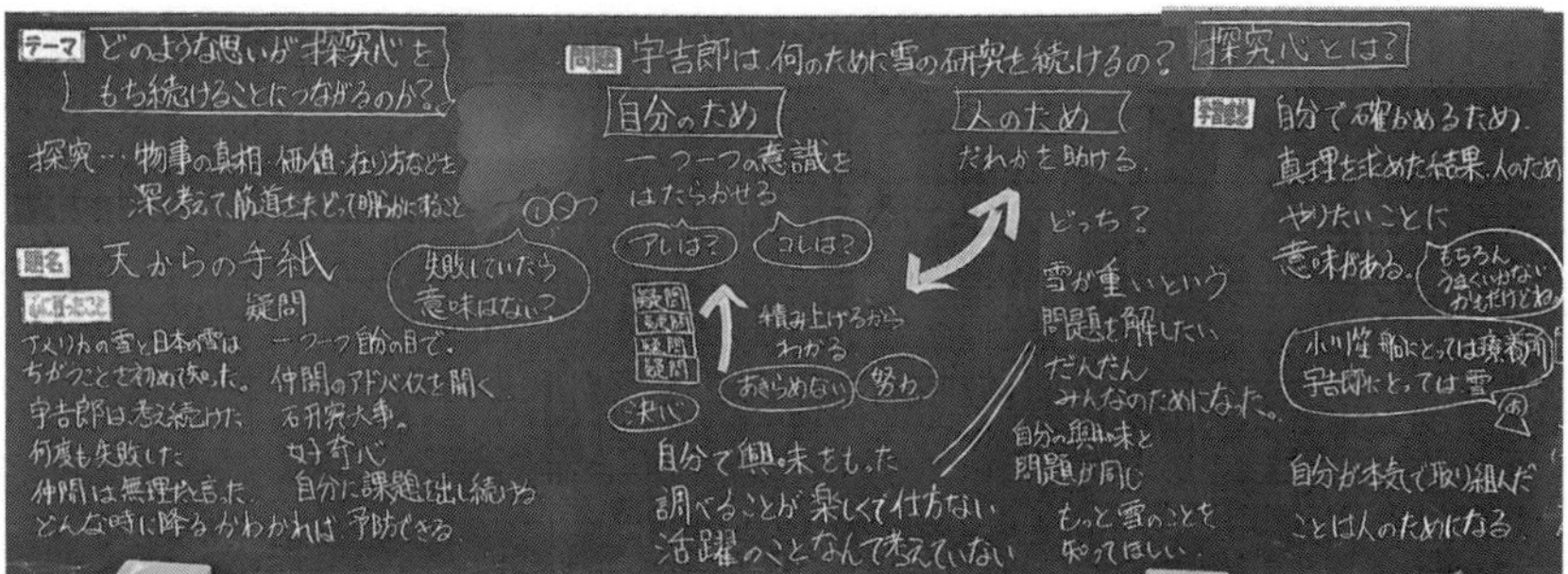

真理を求めるとは？

A価値を認識する発問・教材 ▶ C自己を認識する発問・教材

こう組み立てる！

発問❶

宇吉郎は、どうやって「天からの手紙」を受け取れるようになったのか？

疑問の積み重ね。わかって、わからなくなって…の繰り返し。試して、挑戦した。

雪で上空の状況を知りたいという気持ちがあった。研究することにワクワクしていた。

発問❷

雪の研究を続け、真理を求める宇吉郎に共感できるか？できないか？

電車が好き。いつまでも調べていられる。一つ調べると、他のこともわかってくる。

調べていることはない。でも、生きること自体が、真理を求めることだと思う。

こんなときは…

どうして、宇吉郎は研究を成し遂げることができたのか？

失敗しても他の方法を試して、がんばったから。（すごい人はやっぱりすごいな。「天からの手紙」って言葉が気になるなぁ。）

「天からの手紙」という題名がこの教材の特徴です。「雪は天からの手紙」は中谷宇吉郎の名言です。同名の本も売られています。この名言を生かし、発問を組み立てます。

発問❶では、宇吉郎が真理を求め、この名言を残すまでにどんな過程があったかを話し合い、価値認識を促します。

発問❷では、真理を求める宇吉郎にどこまで共感できるかを話し合い、自分と比べ、これまでの経験や今後どう適用するかを考えます。

ステップ1

宇吉郎が雪の結晶を作ることに成功した道のりを考える

発問❶

宇吉郎は、どうやって「天からの手紙」を受け取れるようになったのか？

A価値を認識する発問・教材

C　うさぎの毛は偶然。だけど、ずっと考えていたから見つかった。一つ一つに意識を働かせていたから、きっかけが見つかった。

C　わからないとモヤモヤする。最後まで納得のつくところまで終わらないと。だから、考え続けている。

C　疑問のピラミッド。考えたら、また疑問が見つかって、また考える。そうしたら、また疑問が見つかる。疑問が積み重なっていく。個々の疑問を一つでも抜いてしまったら、積み上がらない。

T　**続けることには、そういう意味があるんだ。そんな経験があるの？**

C　ある。わからなかったら調べて。あ、こうなんだって思って。また調べて…。本当かどうかわかんないし。

C　困っている人もいるから、まだ諦められない。だから、みんなのため。

C　調べることが楽しかった。活躍したいって気持ちなんかない。楽しいから、続けていただけ。

導入では、「真理」の意味を「いつどんなときにも変わることのない、正しい物事の筋道」（小学館『デジタル大辞泉』）と伝えました。「真理」という言葉からイメージすることを聞き、テーマ「真理を求めるとは？」を設定しました。

発問❶では、宇吉郎が研究を始めたきっかけのベントレーの写真集と雪の結晶を作ることに成功し、「天からの手紙」を受け取るまでを矢印で板書し、その過程を考えました。「がんばって研究したからこそ大事」という考えは、教師の想像を越え、「なるほどな」と思いました。授業は、一人の教師に対し、約三十人の子どもが参加します。三十人の考えが集まれば、教師の教材研究を越えることは、多々あります。子どもに越えられる度に、子どもと一緒に授業を創ることの大事さを実感します。

C　雪のことをずっと研究していたから、天からの手紙に思える。上空の状況を教えてくれるものだとわかっている。そのすごさに気づいていない人にとっては、ただの雪に見える。

T　**自分が研究してきた雪だから、大事だと思えるんだね。みんなは、失敗しても研究を続けた宇吉郎の気持ちってわかる？**

ステップ2

自分は、真理を求める宇吉郎に共感できるかを話し合う

発問❷

雪の研究を続け、真理を求める宇吉郎に共感できるか？　共感できないか？

C自己を認識する発問・教材

C　ぼくも電車が好きだから、いつまでも調べることができる。一つわかると、他のことを調べたくなって、どんどんわかることが増えてくる。

C　私はここまでできないかなぁ。調べたいことなんてないし。

C　犬を飼い始めたから、犬のことが気になる。でも、調べてはいない。

C　パソコンで調べるだけじゃダメで、実際やってみないと。総合的な学習の時間に先生が言っていた。宇吉郎も、自分で結晶を作っていた。

C　自分がやりたいことに、意味はあると思う。けれど、うまくいかない

発問❷では、自分は、真理を求める宇吉郎に共感できるかを話し合いました。宇吉郎に重ねて、真理を求めることについて、自分の経験から話しました。

自分の経験や他の価値・教材とつながったり、これまでの自分の考えや友達の考えと比べたりすることで、深い学びとなります。

自分の経験と比べたり、つなげたりすることは、道徳科の教科の目標にも示される「自己を見つめる」学びです。また、前に学習した教材（「小川笙船」【D-㉒「よりよく生きる喜び」】）で考えたこととつなげて、考えを話す子がいました。学習したことを心に残しているということです。週一回、一時間一教材で授業をする道徳科でも、授業と授業のつながりを意識しているのは、深い学びの証拠です。

可能性もある。そう思うと、自分にはできないかなって思う。

C この前の小川笙船と同じだと思う。社会のためもあるけれど自分の生きがい。笙船にとっては養生所をつくることだったし、宇吉郎にとっては雪の研究だった。

C 生きるってこと自体が、真理を求めるってこと。自分にとって大事なことに向かっていく。「自分にとって大事なことは何なのか?」「自分にできることは何なんだ?」ってことは考え続けないといけない。

T **深いね～。「真理を求めるとは?」について、どんなことを考えた?**

【経験の少ない言葉は意味を教える】

「真理の探究」の内容項目の「真理」や「探究」という言葉は普段からよく使う言葉ではありません。子どもたちが触れた経験は多くありません。しかし、だからといって知らなくてもよいわけではありません。経験が少なく、知らないからこそ、道徳科の授業で補います。

発問の組み立て1でも2でも、導入で辞書的な意味を伝えています。辞書的な意味を教えても、価値観の押し付けにはなりません。もしそうなるのであれば、辞書自体が価値観を押し付けているものになります。知らない言葉というだけで、子どもたちの学習意欲は下がりません。むしろ、経験が少なく、知らないからこそ、わかりたいという気持ちが生まれます。

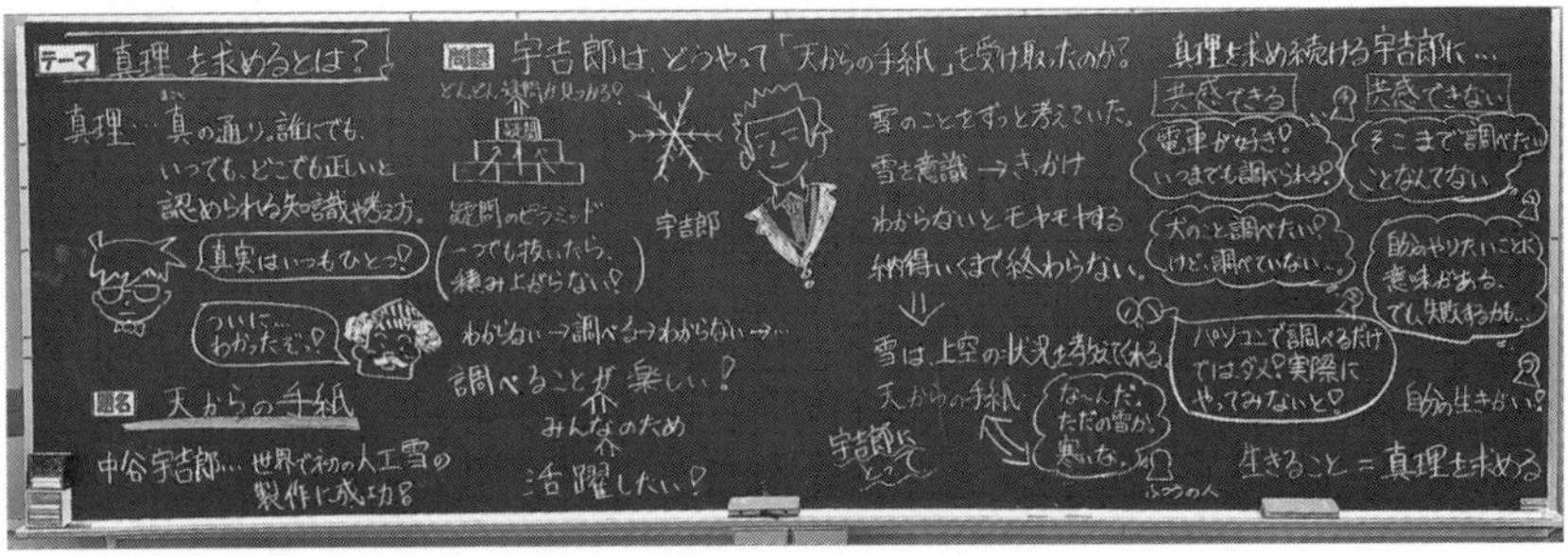

教材
10

ブランコ乗りとピエロ

B-⑾　相互理解、寛容

教材のあらすじ

サーカス団のピエロはリーダー、サムはスター。大王様にサーカスを一時間だけ見てもらうことに。二人は、演技時間について言い合う。当日、サムが延長し、ピエロは大王様の前で演技ができない。しかし、ピエロは、サムの演技を見て、憎む気持ちが消えた。二人は、夜通し話し合った。

教材を生かすポイントと発問例

目的を忘れ関係を悪くしたこと、相手に力があるからこそ認められないことなどは、経験があるでしょう。B-⑾「相互理解、寛容」は、よい関係を築くために大切で、現代社会で特に必要な価値です。ピエロとサムの関係から、心を開き、相互に理解し合うことや広い心で相手を寛容に受け止めることの大切さを考えられる教材です。

●教材のポイント

・お互い自分が一番だと思っていたため、認め合えなかった。
・ピエロは、サムのがんばりやサムと同様に自分が一番だと思っていたことに気がつき、憎む気持ちが消えた。
・「お互い自分だけが、スターという気持ちは捨てよう」と話す。
・二人は、夜通し話し合った。

●教材のポイントを生かした発問例

○なぜ、二人はお互いこんなに腹を立てていたのか？
○なぜ、ピエロからサムを憎む気持ちが消えたのか？
○二人は、夜通し何を話し合ったのか？

発問の組み立て例

組み立て1

ピエロとサムがお互いに腹を立てていた理由を考え、憎む気持ちが消えるとはどういうことかを話し合います。テーマ「どうすれば、認め合う関係になれるか？」について、自分との関連を考えながら価値を認識できるようにします。

	発問の組み立て
導入	○相手を認めることができないときってない？ **どうすれば、認め合う関係になれるか？**
展開	○教材を読んで、心に残ったことや疑問に思ったことは何か？ **❶なぜ、二人はお互いこんなに腹を立てていたのか？** 【A価値を認識する発問・教材】 ○みんなにも、こういうことってあるの？ **❷「憎む気持ちが消えた」とは、どういうことか？** 【A価値を認識する発問・教材】 ○サムはピエロの話を聞いて、どう思ったのだろう？
終末	○どうすれば、認め合う関係になれるか？ 【A価値を認識する発問・教材】

組み立て2

ピエロから憎む気持ちが消えたと思うかを話し合って自分のことを認識し、自分がピエロだとしてサムとどんな話をするかを考えます。テーマ「相手とうまくやっていくには、どうすればよいだろう？」を考え、これからの自分を展望します。

	発問の組み立て
導入	○相手とうまくいかないときってない？ **相手とうまくやっていくには、どうすればよいだろう？**
展開	○教材を読んで、心に残ったことや疑問に思ったことは何か？ ○サムが大王様の前でブランコの演技をしているのを見ている一時間、ピエロはどんなことを思っていたか？ **❶あなたは、本当にピエロから憎む気持ちは消えたと思うか？** 【C自己を認識する発問・教材】 ○「許す」と「憎む気持ちが消えた」は同じ？ **❷自分がピエロやサムなら、夜通しどんな話をしたか？** 【Eこれからの自己を展望する発問・教材】
終末	○相手とうまくやっていくために、どうしていく？ 【Eこれからの自己を展望する発問・教材】

どうすれば、認め合う関係になれるか？

A価値を認識する発問・教材 ▶ A価値を認識する発問・教材

こう組み立てる！

発問❶

なぜ、二人はお互いこんなに腹を立てていたのか？

お互い、嫌なところばかり見ている。怒りが怒りを生み、どんどん腹が立っていった。

お互い「自分だけがスター」と思い、譲れない。足を引っ張り合う悪いライバル。

発問❷

「憎む気持ちが消えた」とはどういうことか？

サムのがんばりを見た。「サーカスを盛り上げたい」という思いが同じだと気づいたら、落ち着いた。

サムに強く当たっていたことや自分にも目立ちたいという気持ちがあったことに気づいて、憎む気持ちが冷めた。

こんなときは…

ブランコをするサムを見るピエロはどんな気持ち？
サムに話をするピエロはどんな気持ち？

最初は勝手なことをしているサムに腹を立てていた。一生懸命なサムを見て、憎む気持ちは消えた。（簡単！　文章にそのまま書いてある！）

　この教材では、ピエロとサムの関係が変容します。しかし、時系列に気持ちを発問すると、文章を読み取ることに終始します。

　そこで、二人がこんなにも腹を立ててしまう理由を考え、相手を認められないときはどんな状況かを考えます。

　そして、ピエロからサムを憎む気持ちが消えたとは、どういうことなのかを考えることで、どうすれば認め合えるかを追求していきます。

ステップ1

二人が認め合えなかった理由を考える

発問❶

なぜ、二人はお互いこんなに腹を立てていたのか？

A価値を認識する発問・教材

C　サムが勝手なことをしている。ピエロが怒り、サムが怒り…。怒りがどんどんつながって、どんどん腹が立っていった。

C　お互いのがんばっているところを見ていない。嫌なところしか見ていない。

C　お互い、「自分がスター」だと自信過剰になっている。ピエロは自信満々で勝手なことをするサムに腹が立っていた。サムも、サーカスに入ったときからピエロがリーダーで威張っていて、嫌だと思っていた。

T　**自信をもって、自分がスターだと思うことはよいことではないの？**

C　自信をもつことはいい。けれど、サムは自己主張が強すぎ。ピエロも自分がリーダーだから上から目線で言っている。相手は嫌な感じ。

C　「自分も」ならいいけど、「自分だけがスター」だと思っている。

C　いいライバルと悪いライバルがある。いいライバルは、「お互いがんばろう！」って感じになる。悪いライバルは、「あいつには負けたく

導入では、相手を認められなかった経験を想起させ、テーマ「どうすれば、認め合う関係になれるか？」を設定しました。

教材を読むと、「ピエロは、はじめは怒っていたけど、サムの努力を認めた」や「最初は、お互い自分が一番だと考えていた。二人が認め合えてよかった」などと子どもたちは二人の関係の変容に着目しました。

「最初に認め合えなかったのは、ピエロのせい？　サムのせい？」と投げかけ、挙手を求めました。すると、「どちらも悪い」という声が多く聞かれました。

発問❶では、ピエロとサムの二人が認め合えなかった理由を分析する発問をしました。B‐⑾「相互理解、寛容」は主として他の人とのかかわりについての内容なので、ピエロだけではなく二人の関係を追いました。

ない」って思って、足を引っ張り合う。

T　**みんなも相手を認められないときがあるって言っていたね。ライバルって思ったり、負けたくないって思ったり。こんな気持ちだったの？**

C　わかるなぁ～。自慢してくる人は、嫌。

C　塾とか。テストの点数で負けたら、すごく悔しい気持ちになる。

T　**こんなにもサムを認められずに、腹を立てていたのに、いきなり憎む気持ちが消えるなんて。そんなことあるのかな？**

ステップ2

どうすれば認め合う関係になれるかを考える

発問❷

「憎む気持ちが消えた」とは、どういうことか？

A価値を認識する発問・教材

C　サムを見て、「あいつがんばっているな」と思って、憎めなくなった。

C　ピエロもサムも「サーカスを盛り上げる」という同じ目的だとわかった。同じ目的なら、怒る必要はない。やり方を変えればいいだけ。

C　サムに強く当たっていたことや自分にも目立ちたいという気持ちがあったことに気づいて、憎む気持ちが冷めた。

　二人の自信についての考えが出されました。そこで、問い返しをすることで自信をもつことが悪いのではなく、自信過剰になることが相手を嫌な気持ちにすると整理しました。

　そして、認め合えない原因を自分事として捉えることができるように導入で想起した自分の経験と、ピエロやサムとを重ねて、自己を認識する発問をしました。

　発問❷では、憎む気持ちが消えたとはどういうことかを問い、ピエロ側とピエロの説得を聞いたサム側の両方の立場から考えます。認め合うことができなくなりそうなときに、どんな考えがあれば、認め合う関係になれるかを考えていきます。

　終末では、テーマである「どうすれば、認め合う関係になれるか？」について、自分の考えを書いたり発表したりして、授業を終えました。

T　サムはピエロの話を聞いて、どう思ったのだろう？

C　謝られて、怒っていた気持ちが冷めた。自分の力やがんばりを認めてくれるならそれでいいと思った。

C　「自分だけがスター」という思いをピエロが捨てるなら自分も捨てる。

C　二人で力を合わせたほうがサーカスを盛り上げられると気づいた。

T　なるほど。そうやって二人は認め合えたんだね。「どうすれば、認め合う関係になれるか？」について考えたことをノートに書きましょう。

【教材の印象に残るキーワードやフレーズを生かした発問】

印象に残るキーワードやフレーズがある教材があります。「ブランコ乗りとピエロ」では、「憎む気持ちが、消えてしまった」です。ピエロは「許した」でも、「我慢した」でもなく、「憎む気持ちが、消えてしまった」のです。こんなフレーズを日常生活で使うことはなかなかありません。

教材の作者が印象的なキーワードやフレーズを意図的に用いている可能性があります。子どもたちもこのようなキーワードやフレーズを心に残したり、疑問に思ったりします。

印象に残るキーワードやフレーズは、発問に生かさない手はありません。子どもが引っ掛かるキーワードやフレーズを探しながら、教材分析をします。

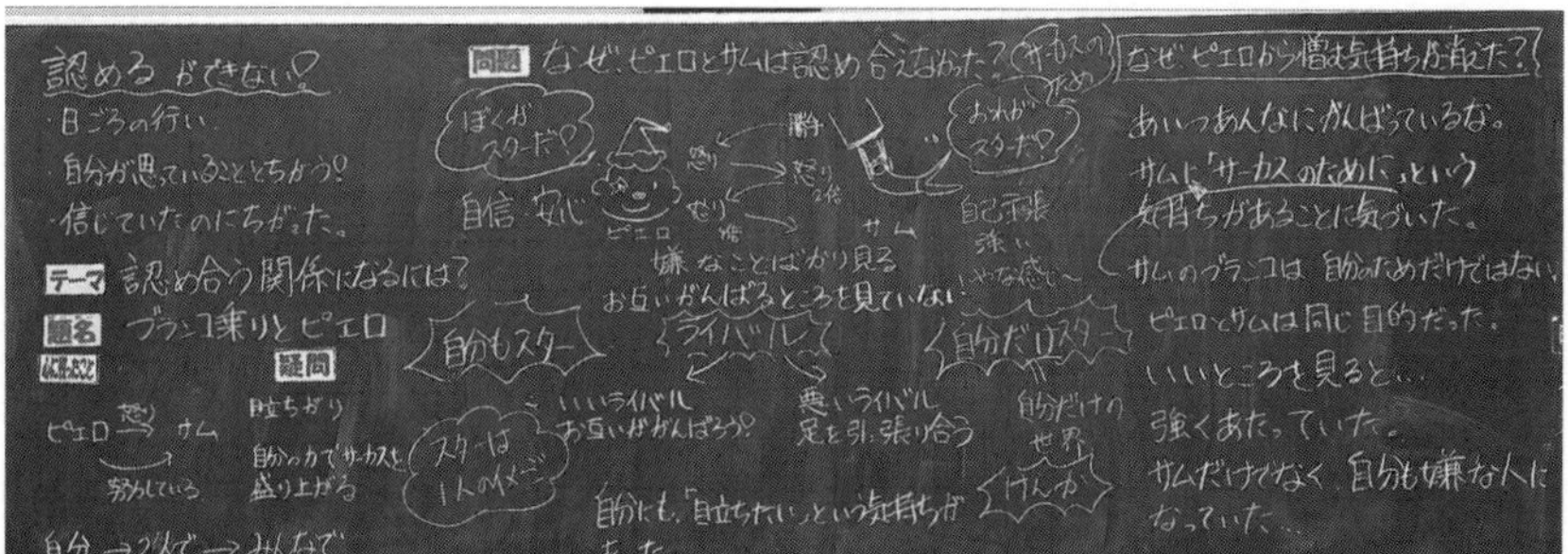

相手とうまくやっていくには？

C自己を認識する発問・教材 ▶ Eこれからの自己を展望する発問・教材

こう組み立てる！

発問❶

あなたは、本当にピエロから憎む気持ちは消えたと思うか？

消えていないと思う。だって自分の出番を取られてしまったから。我慢している。

消えた。がんばる姿を見たから。「自分だけがスター」と思うのをやめようと思った。

発問❷

自分がピエロやサムなら、夜通しどんな話をしたか？

これからのサーカスの話。サムが演技で、ピエロが笑いで盛り上げる。

二人でうまくやっていくための折衷案。二人だけの約束事を決めた。

こんなときは…

ピエロはサムの疲れ果てた姿を見て、どんなことを考えた？

ピエロはサムも一生懸命がんばっているんだなって思って、憎む気持ちが消えていった。（でも、本当に憎む気持ちが消えたのかな？　私だったらこんなの許せない！）

「憎む気持ちが、消えてしまった」と書かれています。しかし、自分がピエロの立場だと考えると、本当に消えるか自信がない子どもが多いでしょう。

発問❶では、大王様の前で演技する自分の出番を奪われて、ピエロは本当に憎む気持ちが消えたのかを話し合い、自己の価値観の認識を促します。

発問❷では、二人が夜通し話し合った内容を想像することで、考えたことを適用し、これからの自己を展望します。

ステップ1

自分だったら憎む気持ちが消えるのかを考え、自己認識する

発問❶

あなたは、本当にピエロから憎む気持ちは消えたと思うか?

C自己を認識する発問・教材

T　**憎む気持ちが消えていないと思う人、教えて。**

C　消えていないと思う。自分だったら、サムのわがままは許せない。演技を大王様に見てほしかったはず。我慢しているだけだと思う。

C　憎む気持ちが完全に消えるってことはない。少しは残っている。

C　このままだとサーカスがバラバラになってしまう。「憎む気持ちが、消えてしまった」と自分に言い聞かせた。だから本当は消えていない。

T　**憎む気持ちが消えたと思う人、教えて。**

C　サムが自分の力を振り絞って演技をしているのを見て、こんなに一生懸命がんばっていることを知らなかったと反省した。

C　サーカスのためにがんばっているんだなと思うと許せてきた。

T　**「許す」や「許さない」という言葉が出てきたね。「憎む気持ちが、消えてしまった」って書いてあるよ。「許す」と「憎む気持ちが消えた」って、どう違うと思う?**

導入では、相手とうまくいかなかった経験を想起させ、テーマ「相手とうまくやっていくには、どうすればよいだろう?」を設定しました。教材を読み、心に残ったことや疑問に思ったこと話し合った後、「サムが大王様の前でブランコの演技をしているのを見ている一時間、ピエロはどんなことを思っていたか?」と問い、サムが勝手をして怒るピエロの気持ちに共感させます。

その上で、発問❶では、自分だったら憎む気持ちが消えるのかを考え、自己認識を促します。子どもたちから、必ずと言っていいほど「許す・許さない」という考えが出されます。しかし、教材の本文では「許す」ではなく、「憎む気持ちが、消えてしまった」となじみのない言葉で書かれています。その違いを問い返し、どういう意味なのかを考えました。

C　自分が目立ちたいって思っていたことは、サムもピエロも同じ。それに気がついて、サーって冷めた感じ。
C　サムが入ってきたときから、歓迎していなかった。「生意気」「負けたくない」って、自分もイライラして、強く当たってしまった。
C　「自分だけが一番」という思いがあったと気がついた。自分も、サムと同じ。リーダーなのに恥ずかしい。
C　「許す」って、上から目線で失敗した人を許してあげようみたいな感じ。「憎む気持ちが消えた」は、自分の中で気持ちが消えただけ。
T　**許したとしても、憎む気持ちはまだ消えていないことってあるよね。**
C　ある。謝られて「いいよ」って言うけれど、内心は許せていない。
C　あ〜。あるある。先生がいるから、無理矢理謝っているときもある。
C　でも、謝られなくても、嫌な気持ちを忘れて、遊んでいることもある。

ステップ2
二人が、夜通し話し合った内容を想像する

発問❷
自分がピエロやサムなら、夜通しどんな話をしたか?
E これからの自己を展望する発問・教材

発問❷では、二人が、夜通し話し合った内容を想像させました。隣の人とペアになり、ピエロとサムになってロールプレイをしてもよいです。発問❶で、憎む気持ちが消えたと考えた子は相手を認め、サーカスをよくしていくための建設的な話し合いを、憎む気持ちが消えていないと考えた子は気が合わないながらにどうにかうまくやっていくための案を考える話し合いを想像しました。

気が合わない人が全くいない人は少ないと思います。ピエロとサムのように何かがきっかけとなり、認め合うことができればよいですが、それでも憎む気持ちが全く消えているとも言えません。たとえ、気が合わなくてもうまくいく方法を考えます。

終末では、テーマ「相手とうまくやっていくには?」に戻り、自分の考えを書きました。

C　これからのサーカスを盛り上げていく作戦会議。サムがすごい演技で、ピエロが笑いで盛り上げる。二人の力を合わせていこうと話した。

C　うまくやっていくための折衷案。「これは守ろう」と約束事を決めた。

C　なぜ、今までイライラしてしまっていたかを説明した。今後、お互いの気持ちがズレないように、わかり合えるように話し合った。

T　**気の合わない人とも、どうにかしてうまくやっていかないといけないね。相手とうまくやっていくために、どうしていけばいいんだろう？**

【What・Why・How でテーマをつくる】

導入で示す道徳的価値からのテーマは、三つの視点からつくります。

① What（意味：思いやりとは何か？）
（成立条件：思いやりを成り立たせるものは何か？）

② Why（意義：思いやりはなぜ大切か？）

③ How（様々な対象、相手、方法、時などに、どのように適用するか）

教科化して、What（意味、成立条件）、Why（意義）のテーマの授業が多くなりました。B-⑾「相互理解、寛容」の内容は、意味や意義をわかっていても、状況によってできないというものではないでしょうか。そのような内容では、How（どのように）をテーマにする必要があると考えます。

【参考文献】高宮正貴・杉本遼『道徳的判断力を育む授業づくり』北大路書房、2022年

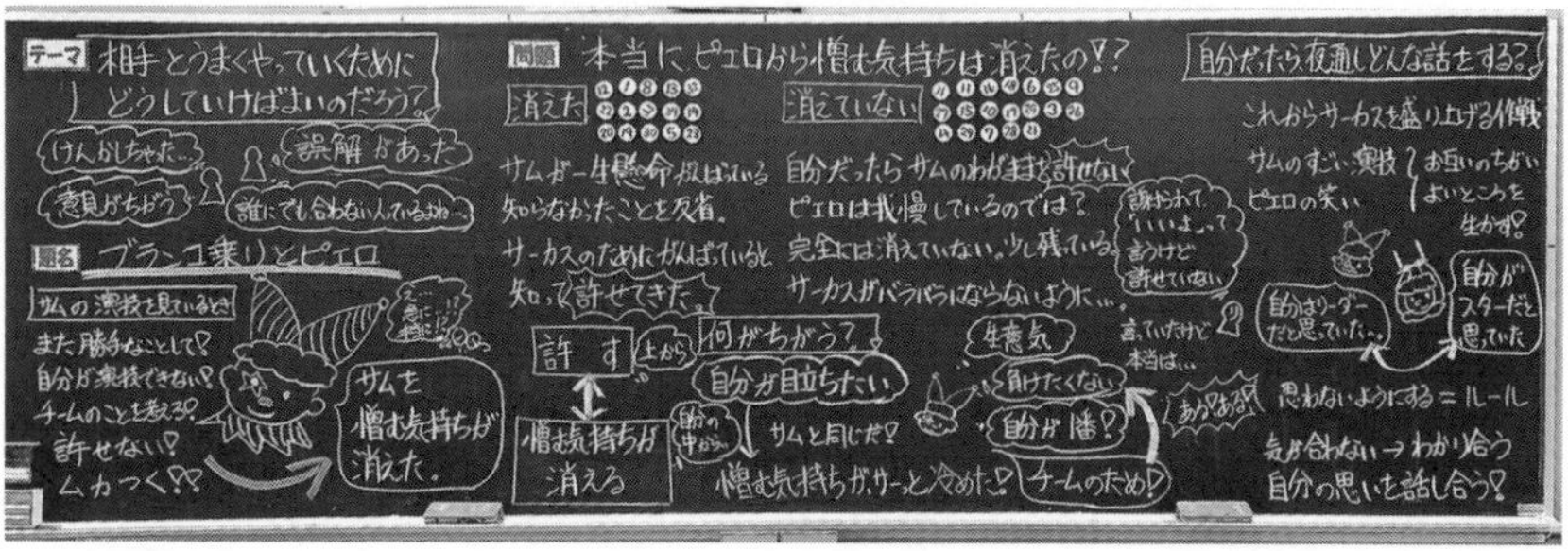

教材
11

人間をつくる道—剣道—

B-(9) 礼儀　C-(17) 伝統と文化の尊重、国や郷土を愛する態度

教材のあらすじ

主人公の「ぼく」は、剣道の細かい決まり事に戸惑うも、稽古を重ねていた。試合で敗れてしまい、ふてくされた態度で引き上げをしたことを先生に叱られる。大人の試合を見ると、動きの美しさと、礼の心に感動する。次の稽古で先生が剣道は「人間をつくる道」だと話した。

教材を生かすポイントと発問例

礼儀の「形」とは、行動様式や慣習であり文化です。時代や社会によって多様な礼儀作法があります。しかし、形が変化しても「心」は普遍的です。心と形が一体となった礼儀について考えます。

組み立て1ではB-(9)「礼儀」の授業を、組み立て2ではC-(17)「伝統と文化の尊重、国や郷土を愛する態度」の授業を提案します。

●教材のポイント

・竹刀を持たせてもらえず、正座、立ち方、礼の仕方などの決まりを叩き込まれ、防具をつけるまでは一年間かかった。
・ふてくされた態度で引き上げると、先生が叱った。
・剣道は「礼に始まり礼に終わる」「人間をつくる道」。

●教材のポイントを生かした発問例

○なぜ、そこまで引き上げ（礼儀）を大事にするのだろう？
○「礼に始まり礼に終わる」のは、剣道だけだろうか？
○「剣道は、人間をつくる道」とは、どういうことだろう？
○剣道の引き上げを文化として残す必要があるのか？

発問の組み立て例

組み立て1

「礼儀」の発問の組み立てです。剣道で引き上げを厳しく指導される理由を考え、先生が言う「礼に始まり礼に終わる」の適用範囲を話し合います。テーマ「礼儀の〝もと〟とは、何だろう?」について、価値を認識できるようにします。

	発問の組み立て
導入	○礼儀とはどのようなものか? **礼儀の“もと”とは、何だろう?**
展開	○試合に負けたとき、「ぼく」はどんな気持ちだったか? **❶なぜ、そこまで引き上げを大事にしないといけないの?** 【A価値を認識する発問・教材】 ○引き上げをちゃんとすればいいの? **❷「礼に始まり礼に終わる」のは、剣道だけか? どのような場面で使えるとよいか?** 【A価値を認識する発問・教材】
終末	○礼儀の“もと”とは、何だろう? 【B価値を認識する発問・経験】

組み立て2

「伝統と文化」の発問の組み立てです。昔からのものやことを受け継がなければならないかを話し合い「人間をつくる道」と話す先生の思いを考えます。テーマ「伝統や文化を受け継ぐって、どういうこと?」について今後の自己を展望します。

	発問の組み立て
導入	○「伝統」や「文化」という言葉に、どのようなイメージをもっているか? **伝統や文化を受け継ぐって、どういうこと?**
展開	○教材を読んで、心に残ったことや疑問に思ったことは何か? **❶昔からのことを続け、古いものを残す必要があると思うか?** 【C自己を認識する発問・教材】 ○伝統・文化って、ただの昔から続くこと・古いものとは違うの? **❷先生は、どんな思いを込めて「剣道は、人間をつくる道」と話したのか?** 【A価値を認識する発問・教材】
終末	○「伝統や文化を受け継ぐって、どういうこと?」について考えたことは、何か? 伝統や文化に対して、自分にできることはあるか? 【Fこれからの自己を展望する発問・経験】

礼儀の“もと”とは、何だろう？

A価値を認識する発問・教材 ▶ A価値を認識する発問・教材

こう組み立てる！ ← **こんなときは…**

（こんなときは…）

「人間をつくる道」という言葉を聞いて、「ぼく」は、どのようなことを考えたか？

日本人が大切にしてきたことを剣道で学んでいるんだ。（伝統すごい。でも、これは剣道の話。礼儀？　私の生活には、関係ない。）

（こう組み立てる！）

発問❶

なぜ、そこまで引き上げを大事にしないといけないの⁉

相手が一緒に試合をしてくれている。きっとこれまで努力もしてきた人。失礼。

相手はしっかりと引き上げをしているのに、自分がしなかったら不平等になる。

発問❷

「礼に始まり礼に終わる」のは、剣道だけか？　どのような場面で使えるとよいか？

授業の挨拶も同じだと思う。始めと終わりに先生や一緒に学習をした仲間に心を込めて挨拶したい。

剣道の引き上げをすることは剣道をしていないとない。引き上げのときの気持ちをもって生活することが大事。

B-(9)「礼儀」を扱う授業の発問の組み立てです。

「ぼく」は、引き上げを厳しく指導されます。「ぼく」も、子どもたちも「なぜそこまで厳しくするの？」と疑問に思います。発問❶で、この疑問について考えます。

発問❷では、先生が話す「礼に始まり礼に終わる」はどのような場面に適用するか範囲を考えます。

礼儀の“もと”とは、何かを考え、自分の生活に関連付けながら価値を認識できるようにします。

ステップ1

剣道で引き上げが大事にされる理由を考える

発問❶

なぜ、そこまで引き上げを大事にしないといけないのか？

A価値を認識する発問・教材

C　相手が引き上げをしているのに、自分だけやらないのは失礼。

C　礼ができないのは未熟。試合に出てよい状態じゃない。

C　勝っても負けても、最後しっかり挨拶したら気持ちがいい。

T　**もしも、引き上げの後、トイレとかで「ムカつく！」みたいに怒っていたとしたら？　引き上げをちゃんとしていればそれでいいと思う？**

C　引き上げをすればいい。剣道のルールだから守らないといけない。

C　後で怒るのはいいと思う。心の中までは見えないから。

C　でも、心の中は、顔とかに出ちゃうんじゃない？

C　心で思っていることを表すのが挨拶。形だけの挨拶に意味はない。

C　確かに。礼儀ってさ、相手を敬う気持ちなんだよ。

C　礼は、相手への感謝の気持ちを表す。相手がいないと試合ができない。

T　**「剣道は『礼に始まり礼に終わる』」って、剣道の先生が、言っていたよね？　あれって剣道だけのこと？**

導入では、「礼儀」のイメージを聞き、テーマ「礼儀の〝もと〟とは、何だろう？」を設定しました。

教材を読んだ後、試合に負けたときの「ぼく」の気持ちを考えました。子どもたちは「先生の教え方が悪い！　剣の技を練習をすればよかった」「なんで、そんなに厳しくされないといけないの？」と答えます。「礼儀」の内容項目への問題意識は十分に高まりました。

発問❶では、子どもたちの疑問から、剣道で引き上げが大事にされる理由を考えました。相手への意識や挨拶によって気持ちがよくなることなどが理由として挙げられました。

そこで、形は引き上げをして、心では悔しがり、後から裏で怒っていたらどうかを問い返しました。つまり、形だけちゃんとしていて、心がなかったらどうかを考えたのです。

ステップ2 「礼に始まり礼に終わる」の適用場面を考える

発問❷

「礼に始まり礼に終わる」のは、剣道だけでよいか？ どのような場面で使えるとよいか？

A価値を認識する発問・教材

C 授業だってそうじゃない？ 始めと終わりに礼をする。
C スポーツとか将棋とかでも、「よろしくお願いします」って挨拶する。
C お客さんに「応援ありがとうございます」って気持ちで挨拶している。
C そうか！ 礼は、ありがとうの気持ちを表しているんだ！
T **この話は剣道の話だよね。引き上げなんか、剣道をしていなかったらしないよね？ お店で、引き上げみたいに挨拶されても困るでしょ？**
C 引き上げはしないけど、引き上げの気持ちで挨拶をすることが大事。
C 心が大事なんだ！
T **え。じゃあ、みんなは、いつも心から思って挨拶しているの？**
C していないけど、しようと思った！
C 挨拶の仕方や気持ちじゃなくて、相手や状況が大事なんじゃない？
T **どういうこと？**
C 友達同士だったら、ハイタッチが一番いい挨拶になるかもしれない。

形だけでも意味があると考える子と心がこもっていなければ意味がないと考える子がいました。

教材で先生が「剣道は『礼に始まり礼に終わる』」と話したことを確認し、発問❷につなぎました。発問❷では、「礼に始まり礼に終わる」の適用場面を考え、自分の生活に結び付けます。しかし、剣道の「引き上げ」をそのまま実生活に生かすことはできません。この授業で考えるのは、礼儀の「形」ではなく、礼儀の「もと」。つまり、「伝統・文化」や「心」（込められた思い）です。そこで、「剣道だけの話であり、生活には生かせないのではないか？」と、ゆさぶりました。

終末では、テーマである「礼儀の〝もと〟とは、何だろう？」について、自分の考えを書いたり発表したりしました。

でも、先生にしたら、「なんだ!?」ってなる。剣道では、怒られる。

T **そうか。状況を見て、判断できないと、変な礼儀になっちゃうんだ。**

C 初めて会った人には、初めての人のための挨拶をする。性格とかわからないから、自分はこんな感じだよってわかってもらう挨拶をする。

C もしちゃんとしていても、心がなかったらダメだし、心があっても、ちゃんとしていなかったらダメ。形や心がこもってなくても、相手との関係で、「ウィース!」が一番いいこともある。

T **なるほど。礼儀っていうのは形と心と相手が関係しているんだ。「礼儀の〝もと〟とは、何だろう?」について考えたことを書いてください。**

【教材の条件を変更して、仮定で問い返す】

怒られてしまうから我慢して大人の言う通りにするけれど、後からイライラしたり、文句を言ったりする経験がある子もいると思います。子どもは、礼儀に対し、他律的でも、形だけすればよいと思うのでしょうか?

「もしも、…だったら?」と、教材の条件を変更して、仮定で問い返し、子どもたちのリアルな価値観を引き出します。この問い返しが機能すると、子どもたちが生活を振り返ったり、教材の場面の状況以外に適用したりしながら、場面を拡充させて考え始めます。

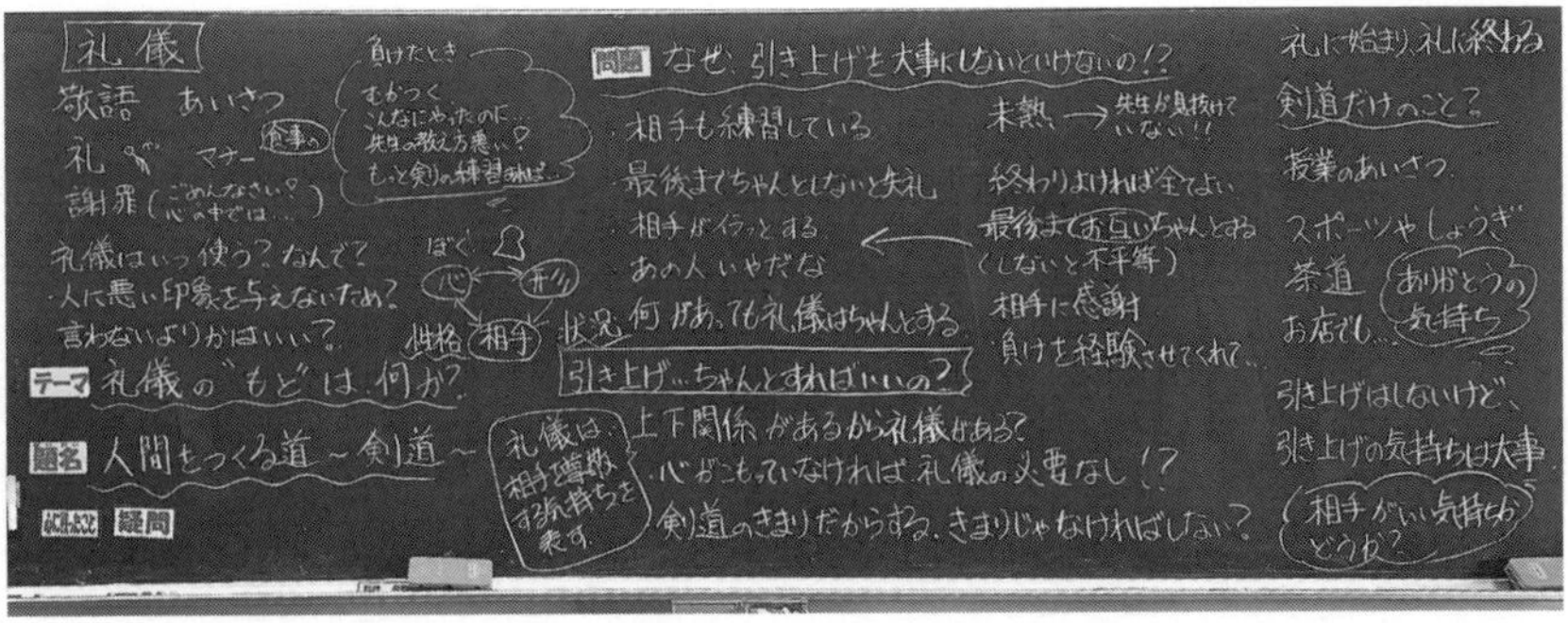

伝統や文化を受け継ぐって、どういうこと？

C自己を認識する発問・教材 ▶ A価値を認識する発問・教材

こう組み立てる！

発問❶

昔からのことを続け、古いものを残す必要があると思うか？

必要ある。ずっと続けてきていることだから。一度なくしてしまったら、戻せない。

必要ない。ただ昔からある古いもの・ことと伝統・文化は違う。剣道の礼は伝統的なことだから残し、続ける。

発問❷

先生は、どんな思いを込めて「剣道は、人間をつくる道」と話したのか？

剣道の礼には、日本人の相手を敬う心が込められている。みんなにも日本人としてこれからも大事にしてほしい。

剣道を通して人間としての道を学ぶ。その道は、日本をつくっていくことにつながる。

こんなときは…

大人の試合を見ながら、「ぼく」は、どのようなことを考えたか？

これからはかっこいい剣道ができるようになるために引き上げもしっかりしよう。（ところで、伝統や文化って、何？　すごいとは思うけど、正直、私は古くて興味ない。）

C -⒄「伝統と文化の尊重、国や郷土を愛する態度」を扱う授業の発問の組み立てです。

発問❶では、昔からのことを続け、古いものを残すことについて「必要」「必要ではない」から選び、自分の価値観を認識します。

発問❷では、「人間をつくる道」と話す先生の思いを考え、価値認識を促します。

「伝統を受け継ぐとはどういうことか」「自分にできることは何か」と考え、今後を展望します。

ステップ1

昔からのことを続け、古いものを残す必要があるかを考え、自分の価値観を認識する

発問❶

昔からのことを続け、古いものを残す必要があると思うか？

C自己を認識する発問・教材

C　必要ある。ずっと続けてきていること。一度なくしたら、戻せない。

C　でも、悔しかったら、悔しがるのが普通だと思う。サッカーでゴールを決めたらゴールパフォーマンスをするし、甲子園で負けたらみんな泣いている。勝っても負けても、引き上げなんて剣道だけ。

C　相撲とか柔道とかもだよね。勝っても、負けても、「礼」みたいな。

C　剣道は、武士とか侍とかのときの感じが残っているんじゃない？

C　野球やサッカーとは歴史が違う。剣道は、日本に昔からある。

C　昔から続いているからよいものとは限らない。よくないなら、変える。

T　**引き上げはよいもの？**

C　引き上げは…、うーん。大事にしている人からすると、よいもの。

C　引き上げで剣道が嫌いになる。礼ばかりで、一年間も防具を着けられない、試合もできないでは、つまらない。そんなの、ついていけない。

導入で、「伝統…規範的なものとして古くから受け継がれてきた事柄」「文化…世代を通じて伝承されていくもの」（小学館『デジタル大辞泉』）の意味を伝えます。伝統と文化のイメージを聞き、テーマ「伝統や文化を受け継ぐって、どういうこと？」を設定します。

教材を読み、心に残ったことや疑問に思ったことを話し合うと、「引き上げは剣道の伝統」や「礼は日本人が大切に受け継いできた」などの考えが出されました。

「でも、引き上げや礼に対して厳しく指導するのは、今の時代に合っていないのではないか？」と投げかけ、ゆさぶります。発問❶では、昔からのことを続け、古いものを残すことは必要かを考え、自分の価値観を認識することを促しました。あえて、発問に、「伝統」や「文化」という言葉を使いませんでした。

C　ただの昔から続くことや古いものと伝統・文化は違う。

T　**「伝統」や「文化」って「昔から続くこと」「古いもの」とは違うの？**

C　「昔から」や「古い」が理由で続けたり、残したりするわけでない。反対で、大事だから続けるし、残していく。

C　剣道の引き上げは、剣道だけのことではない。日本人が大事にしてきた思いやりや礼の気持ち。剣道の伝統というか、日本の伝統。

T　**日本の伝統なんだ。なるほど！　剣道の先生も「日本人が昔から大切にしてきた」と、言っていたね。**

ステップ2

「人間をつくる道」に込めた思いを考え、価値認識を深める

発問❷　先生は、どんな思いを込めて「剣道は、人間をつくる道」と話したのか？

A価値を認識する発問・教材

C　剣道をするなら、大事にしてきた思いやりや礼をしないといけない。

C　剣道で学ぶのは、剣ではなく、人。剣の腕が役に立つのは、将来剣道のプロになる人だけ。集中力とか、人としての姿勢を学ぶ。

C　自分も厳しく引き上げを教えられた。それを教えなければならない。

「昔から続くこと」「古いもの」という言葉を用いることで、伝統や文化との違いに着目できるように仕掛けました。子どもが違いに気づいたタイミングで問い返し、伝統や文化の意味を考えます。

発問❷では、「人間をつくる道」に込めた思いを考え、価値認識を深めていきました。

終末では、テーマである「伝統や文化を受け継ぐって、どういうこと？」について考えたことに加え、自分にできることをノートに書いて、発表し合いました。伝統や文化に対して、どうかかわっていくかを考えることが重要だと考えます。子どもの様子を見て、教材の「ぼく」に重ねて、自分にできることを考えているのではないかと捉え、自分にできることを発問しました。

C　引き上げもそうなんだけど、引き上げを教えたかったというか、日本人らしさみたいなことを教えたかったんじゃないかな？

T　日本人らしさって、何？

C　日本人が得意なのは、協力と忍耐。リレーとかマラソンとかが強い。優しい気持ちや強い気持ちが、日本人の伝統なんじゃないかな。

T　今日のテーマは「伝統や文化を受け継ぐって、どういうこと?」。考えたことは何かな？　伝統や文化に対して自分にできることはある？

【不易流行】

「昔から続いているからよいものとは限らない。よくないなら、変える」や「『昔から』や『古い』が理由で続けたり、残したりするわけでない。反対で、大事だから続けるし、残していく」という発言に、ドキッとしました。学校・教師の仕事は、慣習で続けているものが多いからです。

「不易流行」とは元は俳諧の理念で、「新しみを求めて変化していく流行性が実は（中略）不易の本質である」ことを意味します（小学館『デジタル大辞泉』）。

授業も同じです。歴史に学びながらも、目の前の子どもに合わせ、変化を恐れず、常に挑戦し続けることで、しなやかな授業スタイルを確立したいものです。

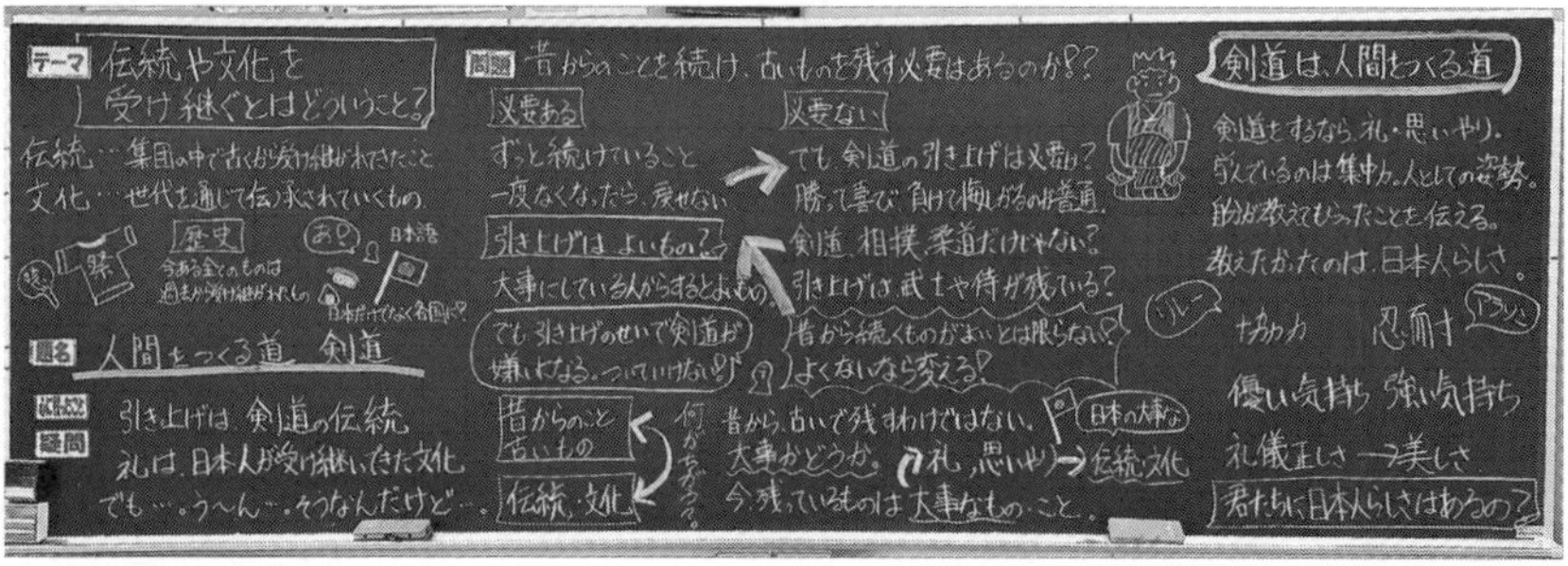

教材
12

青の洞門

D - (22)　よりよく生きる喜び　D - (21)　感動、畏敬の念

教材のあらすじ

罪を償う旅をしていた了海は、多くの人が命を落とす絶壁に道を通すことを目指す。そこに了海に父を殺された実之助が仇討ちに来る。実之助は、洞門の完成まで仇を討つのを待ち、手伝うことにする。実之助一年六か月、了海二十一年、洞門は貫通する。二人は感動で涙する。

教材を生かすポイントと発問例

大分県の青の洞門は禅海という僧が彫りました。実話を基に創作された小説『恩讐の彼方に』（菊池寛）から本教材は作成されました。

この教材は、価値・内容項目も、教材の内容も、どちらも捉えにくいです。了海、実之助のどちらの心情も変容するため、どちらを中心人物とし、どちらを中心に授業を構想するか迷います。どちらか一人では教材を生かしきれず、二人を扱うと複雑になります。そこで、**発問の組み立て1では了海中心、2では実之助中心**の授業を提案します。どちらかでも成立しますが、**二時間扱い**に挑戦してほしいです。

●教材のポイント

・了海が二十一年間洞門を掘り続けた。
・実之助が洞門完成まで仇を討つのを待ち一年六か月掘るのを手伝う。洞門ができても了海を切らず、手を握り涙でむせび合う。

●教材のポイントを生かした発問例

○了海にとって、洞門を掘り続けることにどんな意味があるのか？
○実之助の了海への憎しみは、いつ消えたのか？

発問の組み立て例

組み立て1（了海中心）

了海が洞門を掘り続ける意味を分析し、どう思うかを話し合うことを通して、テーマ「よい生き方とは、どんな生き方か？」について考えます。罪を償うことや道理を超えて力を発揮することから人間の弱さと強さについて考えていきます。

	発問の組み立て
導入	○みんなはこれからどう生きていきたい？ **よい生き方とは、どんな生き方か？**
展開	❶了海にとって、洞門を掘り続けることにどんな意味があるのか？ 【A価値を認識する発問・教材】 ❷あなたは、洞門を掘り続ける了海をどう思う？ 【C自己を認識する発問・教材】 ○了海から学べることは何なのだろうか？
終末	○よい生き方とは、どんな生き方か？ 【A価値を認識する発問・教材】

組み立て2（実之助中心）

実之助の憎しみがいつ消えて、仇を討たず涙したのはどんな思いなのかを話し合うことを通して、テーマ「よい生き方とは、どんな生き方か？」について考えます。感動が人間の在り方を見つめ直すきっかけになることについて考えたいです。

	発問の組み立て
導入	○よい生き方って、どんな生き方だと思う？ **よい生き方とは、どんな生き方か？**
展開	❶実之助の憎しみが消えていったのは、一年六か月のいつごろだと思うか？ 【A価値を認識する発問・教材】 ❷実之助にとっても了海にとっても仇を討った方がよかったのではないか？ 【C自己を認識する発問・教材】
終末	○よい生き方とは、どんな生き方か？ これからどんな生き方をしていきたいか？ 【Fこれからの自己を展望する発問・経験】

よい生き方とは、どんな生き方か？

A価値を認識する発問・教材 ▶ C自己を認識する発問・教材

こう組み立てる！

発問❶

了海にとって、洞門を掘り続けることにどんな意味があるのか？

命を救うため。この道をつくることで一年に何十人もの命が助かる。村の人が安心・安全な生活を送るため。

洞門は村の人の命を救うためなんだけれど、了海は、自分のしてしまった罪を思い浮かべて掘っている。洞門を掘ることで罪を償う。

発問❷

あなたは、洞門を掘り続ける了海をどう思う？

二十一年間も掘るのは、全く楽なことじゃない。でも、人のためになることをすることで、心は少し楽になる。

事情があっても人を殺すなんてしてはいけないことだけど、人間は正しいことばかりできない。失敗もある。

こんなときは…

なぜ、了海は洞門を掘り続けたか？
なぜ、実之助は了海を切らなかったのか？

了海は償いのために洞門を掘った。実之助は洞門を掘り終えた了海を見て感動して憎しみを忘れて涙した。（二人の関係がややこしい。そんなになぜ、なぜ聞かれても…書いてあることを答えよう。）

了海から、人間の弱さや強さを考えていく発問の組み立てです。

発問❶では、了海が洞門を掘り続ける意味を考えます。考えを「人々の命、安心・安全のため」「罪を償うため」「修行のため」などの視点で整理します。

発問❷では、了海が洞門を掘り続けることを自分はどう思うかを話し合います。

了海の成し遂げたことは、現実離れしたものですが、生き方として学ぶところは何かを探ります。

ステップ1

了海が洞門を掘り続ける意味を考える

発問❶

了海にとって、洞門を掘り続けることにどんな意味があるのか？

A価値を認識する発問・教材

C　命を救うため。この道をつくることで一年に何十人もの命が助かる。

C　村の人に安心・安全な生活を送ってほしい。人々の役に立ちたい。

C　罪の償い。実之助の父を殺した罪を許してほしい。

C　自分の命を懸けて始めたことをやり遂げるまでは死ぬことはできない。

C　自分に課した修行。過去に悪いことをしてしまったから、よいお坊さんになるために掘り続けた。苦しくても続けることでよい人になる。

T　**今、出たのは「村の人の命のため」「亡くなった実之助の父のため」「自分がよい人になるため・自分の修行のため」みたいな感じだね？**

C　「亡くなった実之助の父のため」というのは、変な感じがする。洞門が完成したとしても、実之助の父のためにはならない。

C　洞門は村の人の命を救うためなんだけれど、了海は、自分のしてしまった罪を思い浮かべて掘っている。洞門を掘ることで罪を償う。

C　でも、二十一年間も掘り続けるなんて考えられない。普通できない。

授業前に事前読みをして心に残ったことや疑問をPadletに書き込み、ICT上で対話を始めておきました。

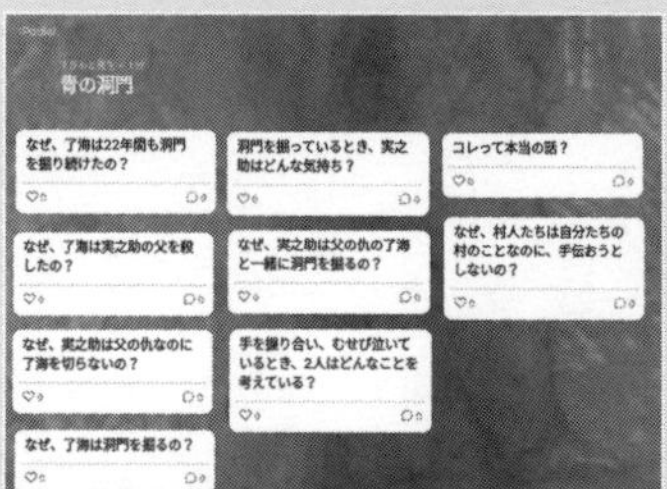

この教材では、了海が洞門を掘り続けたこと、実之助が了海を切らなかったことに問題意識が向きます。

本教材を扱うのは、六年生の卒業間近の時期が多いです。そのため導入では、「みんなはこれからどう生きていきたい？」と投げかけて、テーマ「よい生き方とは、どんな生き方か？」を設定しました。

ステップ2

了海が洞門を掘り続けることを自分はどう思うかを話し合う

発問❷

あなたは、洞門を掘り続ける了海をどう思う?

C自己を認識する発問・教材

C　すごいけれど、自分は岩の壁を掘って道を作ろうなんて思えない。

C　反省したい気持ちはわかる。よいことをして、少しでも楽になりたい。

T　**楽? 洞門を掘っているんだから、楽じゃなくない?**

C　掘るのに集中して、人のためになったら、心は楽になる。

C　でも、洞門を掘っても、実之助の父を殺したことはなくならない。

C　そうだけれど…そうしていないと自分が自分を許せないというか…。

C　そうなるなら、そもそも悪いことをしなければよかったのに。

C　何か事情があったのかも。事情があっても人を殺すなんてしてはいけないことだけど。人間は正しいことばかりできない。失敗もある。

C　悪いことをした自分を許せない。それが罪を償うことにつながる。罰を受ければ許されるわけではないけれど、罰を受ける。刑務所と同じ。

T　**了海は裁判で罰が決まっていない。自分で、修行で、償っている…。**

C　洞門が通って罪を償ったから、実之助は了海を切らなかったのかな?

事前に教材を読んでいるため、教材の内容を確認します。了海と実之助の関係を図で提示しました。ChatGPT に教材全文を入力し、あらすじを説明させたり、事前に考えた問いに答えさせたりしました。

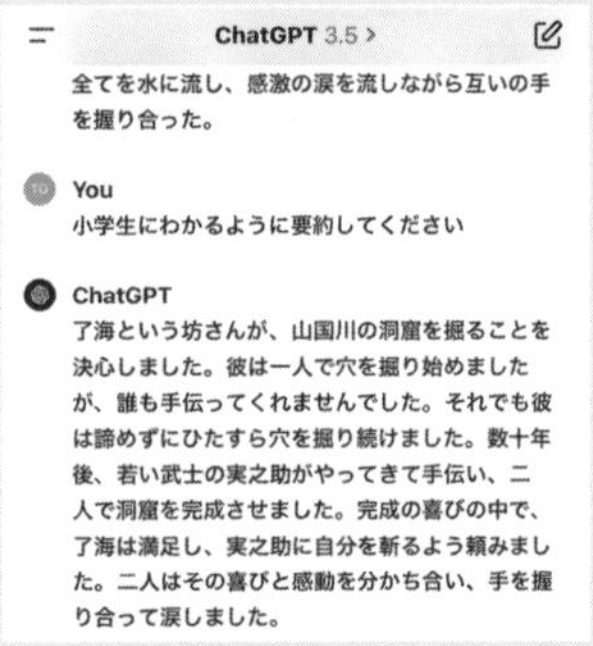
ChatGPT 3.5 >
全てを水に流し、感激の涙を流しながら互いの手を握り合った。
You
小学生にわかるように要約してください
ChatGPT
了海という坊さんが、山国川の洞窟を掘ることを決心しました。彼は一人で穴を掘り始めましたが、誰も手伝ってくれませんでした。それでも彼は諦めずにひたすら穴を掘り続けました。数十年後、若い武士の実之助がやってきて手伝い、二人で洞窟を完成させました。完成の喜びの中で、了海は満足し、実之助に自分を斬るよう頼みました。二人はその喜びと感動を分かち合い、手を握り合って涙しました。

発問❶では、了海が洞門を掘り続ける意味を考え、視点をつくります。それを基に、発問❷では、自分はどう思うかを話し合います。了海から学ぶことを考え、人間には強さや弱さがあることを確認して、授業を終えました。

C　いや、それはまた別だなぁ～。

T　**実之助のことを気になっている子も多かったから、また考える時間をつくるね。みんなは、了海から学ぶことってあるかな？**

C　う～ん。人を殺すなんて失敗はしてはいけない。でも、人は失敗してしまう。失敗したときにどうするかが人のすごさなのかなって思った。

C　自分はこのために生きていくって決めたときに、曲げない生き方をする。それが誰かのためや人の命を救うことだったらステキだと思った。

T　**誰しも強さも弱さもあるよね。よい生き方って、何なんだろうね？**

【教材の事前読み】

教材の文章が長い場合や内容が難しい場合に、授業前に朝学習の時間などで教材を提示して、事前読みをします。ＩＣＴを活用して、心に残ったことや疑問に思ったことを書き込み、非同期での対話を促します。Padlet では、コメントに対して「いいね」をすることができるので、楽しくコミュニケーションし合うことができます。慣れてきたら教材を読んだり、Padlet に書き込んだりすることを家庭学習で取り組ませてもよいと思います。

事前読みをすることで、対話の時間を確保したり、一読では教材を理解することが難しい子が授業までに何度も教材を読んだりできるようになります。

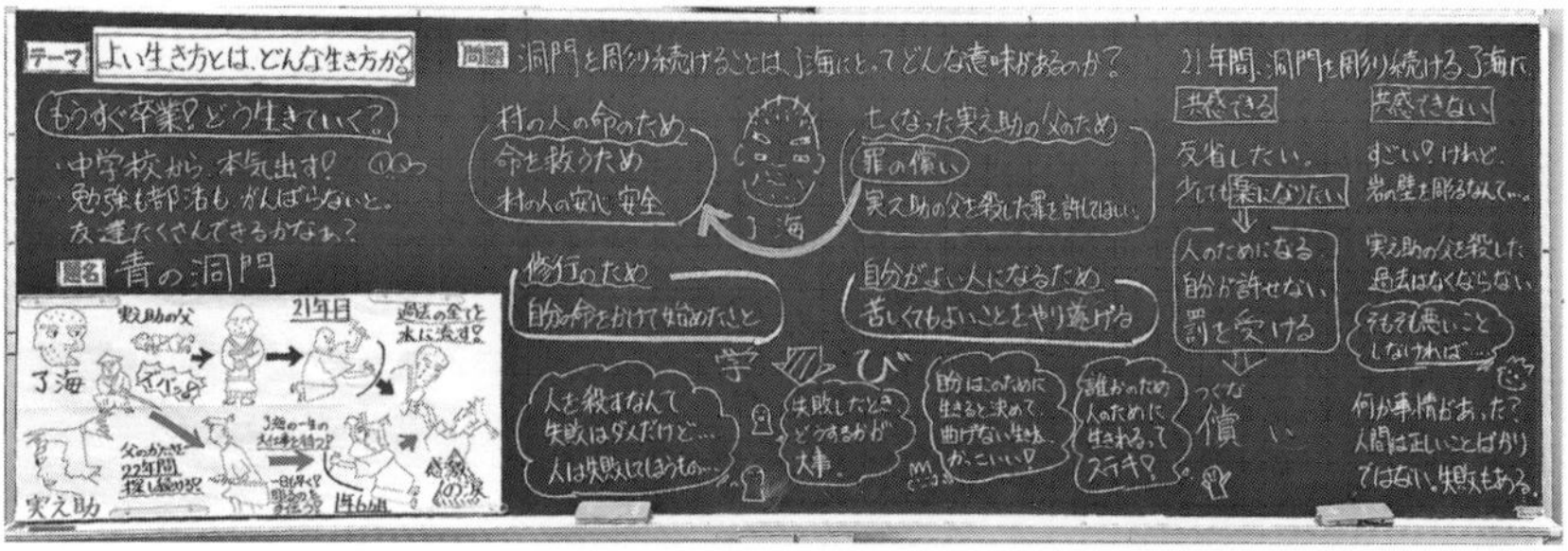

人生が変わるきっかけとは？

A価値を認識する発問・教材 ▶ C自己を認識する発問・教材

こう組み立てる！

発問❶

実之助の憎しみが消えていったのは、一年六か月のいつごろだと思うか？

洞門が完成したときだと思う。一緒に掘ったから完成して感動した。

掘って憎しみが減って、完成して完全に消えた。了海が、過去の罪にどれだけ向き合い、反省したかわかった。

発問❷

実之助にとっても了海にとっても仇を討った方がよかったのではないか？

了海は、本当に切られても心残りはないと思っていた。過去の罪に対して自分なりに報いができたから。

それは実之助にとってよくない。実之助は、了海に対して、情がわいたのだと思う。

こんなときは…

なぜ、実之助は了海を切らずに手を握り、涙したのか？

洞門を掘り終えた了海を見て感動したから。（こんなこと起こるの？　なんか自分たちから遠い、関係ない話。）

実之助を中心に、感動が人の生き方をどう変えるかについて考えていく発問の組み立てです。

発問❶では、一年六か月を表した数直線にマグネットを置いて、憎しみがいつ消えたのかを話し合います。「いつ」は、実之助の思いを考える仕掛けです。気持ちは問うけれど、気持ちで問いません。

発問❷では、教材のように仇討ちをしなかった場合と、仇討ちをした場合とを比べ、感動が生き方を変えることについて考えます。

ステップ1

憎しみがいつ消えたのか、実之助の思いを考える

発問❶ 実之助の憎しみが消えていったのは、一年六か月のいつごろだと思うか？

A自己を認識する発問・教材

T **了海に出会ったとき、了海と洞門を掘っている間、洞門が完成したとき。いつだと思う？　磁石を貼ってください。**

C 洞門が完成したときだと思う。一緒に掘ったから完成して感動した。

C そこまで憎んでいたら、途中で切る。了海がヨボヨボになって洞門を掘っていると知って、憎めなくなった。あとの一年六か月はその確認。

C 最初、この老人が父の仇か、よい人か悪い人かわからなくなった。

C 掘っている間、徐々に憎しみが減っていき、完成して完全に消えた。了海が、過去の罪にどれだけ向き合い、反省し、村の人々の命を救うために、今どれだけ本気で洞門を掘っているかがわかった。

T **親を殺されているんだよ？　親の仇の憎しみって消えるもの？**

C 消えない。許すなんて絶対にありえない。でも、了海がしていることもありえないこと。了海の偉業に、奇跡が起こった。

C 憎しみは消えていない。忘れただけ。それくらいの感動だった。

導入では、テーマ「よい生き方とは、どんな生き方か？」について、考えを発表し合います。二時間扱いで授業する場合は、前回の授業（組み立て1）での学習感想を紹介し、学びの関連を意識させます。

組み立て1と同様に、教材の内容を振り返るため ChatGPT を活用します。心に残ったことや疑問から実之助にかかわるものを紹介し、発問❶への問題意識をもたせます。

発問❶では、実之助の憎しみがいつ消えたのかを考えます。教材にはいつ憎しみが消えたのかは書かれていません。実之助が洞門を掘り終えた了海を切らなかったこと、ずっと探していた仇である了海を見つけてもすぐに切らなかったこと、長い間洞門を掘るのを手伝ったこと、これらの子どもの疑問を包括して、「いつ」を問う発問❶で考えます。

T　忘れているだけなんだ。そもそも実之介は仇を討ちに来た。了海も洞門が完成し、「お切りなさい。思い残すことはない。」と言っている。

ステップ2

人生が変わるきっかけを考える

発問❷

実之助にとっても了海にとっても仇を討った方がよかったのではないか？

C自己を認識する発問・教材

C　了海は、本当に切られても心残りはないと思っていた。人生を賭けた仕事を終え、過去の罪に対して自分なりに報いができたと思っている。

C　たしかにそうなんだけれど…。でも、それは実之助にとってよくない。

C　実之助は、了海に対して情がわいたのだと思う。仇であることは変わらないけれど、一緒に洞門を掘ることで反省していることもわかった。人生失敗もある、人のためになろうとがんばっていると認められた。

C　実之助は自分も一年六か月も掘り続け、了海の二十一年間の偉業に立ち会えた。一緒に実現できて感動している。了海のことは切れない。

C　親を殺されて、悲しいし、許せない。けれど、仇を討ったとしても、生き返らない。了海の姿を見て、憎んでも仕方がないと思えた。

いつだと思うかを、一年六か月の期間をスケールとして、マグネットを置き選択することで、全員が自分の考えをもてるようにしました。

発問❷では、本当に実之助が仇討ちをしなくてよかったのかを考えます。そもそも実之助は仇討ちをするために洞門を掘ることを手伝っていたはず。了海も「お切りなさい。思い残すことはない。」と言っています。了海を切った方がWin-Winのはずです。しかし、実之助は仇討ちを止めました。考えたいことは、実之助の「思い」や仇討ちを止めた「理由」です。しかし、それらを直接的に発問するよりも、仇討ちをしたと仮定してゆさぶる方がより深く考えることができると考えたのです。

終末では、六年生の卒業間近の授業なので説話として、「感動」の意味や教師の思いを語りました。

C　たぶん実之助も了海も、これからも自分の命を人のため、よいことのために使っていく。大きな失敗をしたり、人のことを憎んだりもしたけれど、これからはそんなことはない。そう思っているはず。

T　了海の偉業に心が動いたんだね。「感動」とは文字通り、「深く感じて、心が動くこと」。実之助のように心が動けば、行動や生き方も変わることもあります。みんなも小学校六年間でたくさんの感動があったと思います。嬉しい感動もあれば悔しい感動もあったかもしれません。これからも自分の感動を大事にして、あなたにとってよい生き方を探し、目指してほしいです。考えたことをノートに書いてください。

【自分から遠いからこそ感動し、畏敬の念を抱く】

「感動、畏敬の念」は、授業づくりが難しい内容項目と言われることが多いです。自分事として捉えにくいということが理由に挙げられます。しかし、そもそも「畏敬の念」とは、気高さや崇高さに対する「恐怖・畏怖」や「尊敬・敬愛」の感情です。つまり、大いなるもの・偉大なものに対して、「すごいなぁ」と思える気持ちです。授業で子どもを感動させるのが目標ではありません。他の内容項目と同じで、感動や畏敬の念そのものについて考えるイメージです。無理に自分と重ねなくてもよいです。自分から遠いからこそ、感動するし、畏敬の念を抱くと考えると楽しい授業になります。

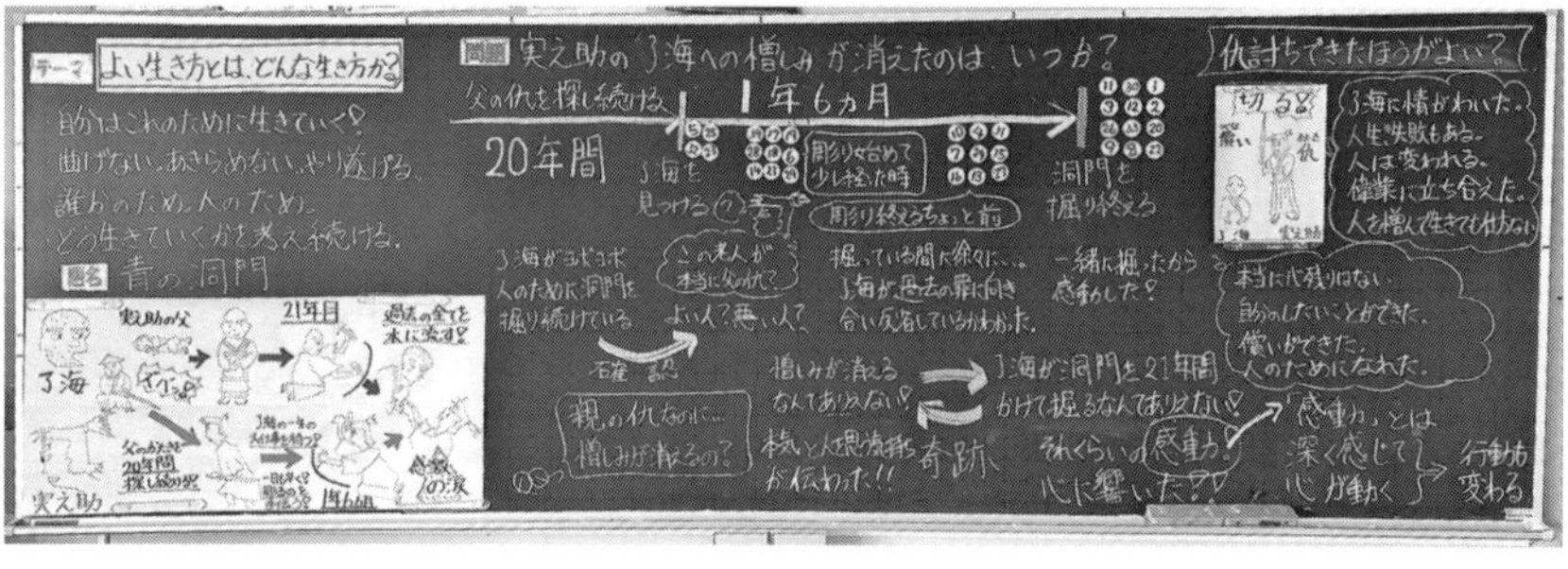

教材
13

ロレンゾの友達

B-⑽ 友情、信頼

教材のあらすじ

教材の前半では、罪を犯したと噂されるロレンゾに対してどうするか、友達のアンドレ、サバイユ、ニコライが話し合う。教材の後半では、無実だとわかったロレンゾと再会する。三人は話し合ったことをロレンゾに話せなかった。そして、友達としてどうするべきかを改めて考えた。

教材を生かすポイントと発問例

教材前半には、ロレンゾの友達である三人の三者三様の考え方が描かれています。教材後半、三人がロレンゾにかしの木の下で話した内容を話せなかったのは、話した内容が、三人ともロレンゾが罪を犯したこと前提で考えていたからでしょう。**教材前半を生かした第一時、教材後半を生かした第二時の二時間扱いの授業**を提案します。

●教材のポイント

・かしの木の下で三人が話す（アンドレ：お金を持たせて逃がす。サバイユ：自首を勧め、納得しないなら逃がす。ニコライ：自首を勧め、納得しないなら警察に知らせる）。
・三人は話し合ったことをロレンゾに話さなかった。

●教材のポイントを生かした発問例

○誰がよい友達だと思うか？
○かしの木の下で、三人はどんなことを話したか？（役割演技）
○三人の考え方の違う点と同じ点は何か？
○自分なら、かしの木の下で話したことをロレンゾに話したか？

二時間扱いの授業の発問の組み立て例

教材前半を生かした第一時の組み立て

ロレンゾにとって、誰がよい友達か、アンドレ・サバイユ・ニコライ・その他（全員よい友達、全員よい友達ではないなど）から選択し、自分だったらどうするかを話し合うことを通して、テーマ「友達って、何だろう？」について考えます。

	発問の組み立て【第一時】
導入	○「友達って、何なのだろう…」って、思うことはないかな？ **友達って、何だろう？**
展開	○教材前半を読んで、どう思ったか？ **❶誰がよい友達だと思うか？** 【C自己を認識する発問・教材】 **❷自分だったら、どうするだろう？** 【Eこれからの自己を展望する発問・教材】
終末	○友達って、何だろう？ 【B価値を認識する発問・経験】

教材後半を生かした第二時の組み立て

自分だったらかしの木で話したことをロレンゾに話すか・話さないかを選択し、「信用」と「信頼」を視点に三人を分析することを通して、テーマ「どう信頼を築けばよいか？」について考えます。

	発問の組み立て【第二時】
導入	○友達って、何だろう？ **どう信頼を築けばよいか？**
展開	○教材後半を読んで、どう思ったか？ **❶自分だったら、かしの木の下で話したことをロレンゾに話したか？** 【C自己を認識する発問・教材】 **❷ロレンゾたちには「信用」と「信頼」があったのかな？** 【A価値を認識する発問・教材】 ○信頼できる友達がいるか？　自分は、友達から信頼されるに値することができているか？ 【Fこれからの自己を展望する発問・経験】
終末	○信頼は、どう生まれるのか？

友達って、何だろう？

C自己を認識する発問・教材 ▶ Eこれからの自己を展望する発問・教材

こう組み立てる！

発問❶

誰がよい友達だと思うか？

ニコライ。友達でも、罪は罪。納得しなくても認めさせるのが友達。

全員よい友達ではないと思う。ロレンゾが罪を犯していることを前提に話している。

発問❷

自分だったら、どうするだろう？

ロレンゾは犯人。私はそういう人と友達にはなりたくない。

サバイユみたいに自分の正直な思いを伝えて、相手の考えも聞く。

こんなときは…

自分だったら、どうするだろう？

サバイユ。自首を勧め、納得しないなら逃がす。（決められない。真ん中。アンドレが一番ロレンゾを信用しているけれど、選べない。）

いきなり「自分だったらどうする？」と問うと、多くの子がサバイユを選びます。自分では決めきれないからです。

発問❶では、「よい友達」という条件で、アンドレ・サバイユ・ニコライ・その他（全員よい友達、全員よい友達ではないなど）から選択して考えます。

その上で、発問❷で、自分だったらどうするかを三者の考えの枠を越えて考えます。

ステップ1

ロレンゾにとって、誰がよい友達かを考える

発問1 誰がよい友達だと思うか？　C自己を認識する発問・教材

C　アンドレは黙って逃がすのはいけない。かえって苦しめる。ニコライは共犯にもならず自分も、ロレンゾのことも思っているから。

C　ニコライ。友達でも、罪は罪。納得しなくても認めさせるのが友達。

C　サバイユ派。選択肢があって選べる。本人の選択を認めるのが友達。

C　逃がしたらアンドレもサバイユも共犯者。リスクがあっても逃がそうとする。ニコライは正しい。けれど、ロレンゾのことを思っていない。

C　友達として選ぶなら、アンドレ。友達を信じて、逃がしてあげたいって思っている。でも、もしロレンゾが罪を犯していたら、社会的に見て、ロレンゾもアンドレもダメ。

T　**言っていることわかる？**

C　友達として考えるか、社会的に見るか。どう考えるかで違う。

C　全員よい友達。アンドレはロレンゾが喜ぶと思って逃がそうとしている。ニコライやサバイユは、社会的にその方がよいと思っている。みんなロレンゾのことを思って、真剣に考えている。

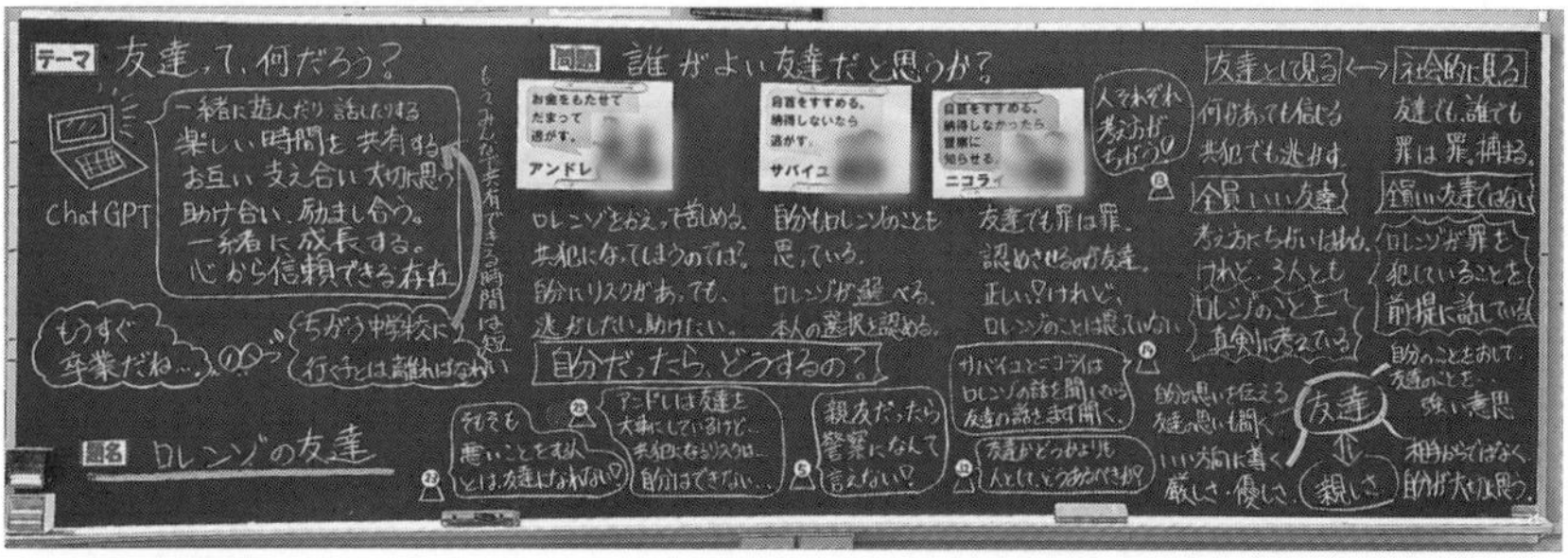

C　全員よい友達ではないと思う。みんなやっていることは友達思い。だけど、ロレンゾが罪を犯していることを前提に話している。おかしい。

ステップ2

自分だったらどうするかを考える

発問❷

自分だったら、どうするだろう？

E これからの自己を認識する発問・教材

C　ロレンゾは犯人。私はそういう人と友達にはなりたくない。

C　アンドレはロレンゾを大事にしている。でも、共犯にはなれない。

C　でも、親友だったら警察になんか言えない。仲がよければよいほど。

C　アンドレはロレンゾの話を聞こうとしない。ニコライとサバイユは話を聞いている。私は、サバイユのように友達の納得いくようにしたい。

C　絶対ばれないならアンドレの方を選ぶ。でも、友達というのは一回置いといて、人としてはニコライのように考えるのが普通だと思う。

C　みんなの話を聞いて、人それぞれに考え方があると思った。難しい。

T　**難しいね。友達って、何だろうね？**

C　サバイユみたいに正直な思いを伝えて、相手の考えも聞くのが友達。

導入で「友達って、何だろう？」と投げかけ、テーマを設定します。小学校を卒業し友達と離れ離れになるかもしれない高学年の子どもたちと共に考えたいテーマです。

発問❶では、「よい友達」を条件に三人を比較し、よい友達は誰かを考えます。マグネットやICTツール、挙手などで立場を明らかにすることで考えが絡み合っていきます。

発問❷では、この状況で、自分の弱さから行動できる・できないなど自分だったら友達に対してどう行動するかを考えます。三人の案を越えて、今後の自分が何を大事にするか、どう行動するか展望します。

終末では、テーマに戻り、「友達って、何だろう？」について話し合い、考えたことをノートに書きました。ここでの考えを次時の導入で共有します。

C　友達をいい方向に向ける厳しさと優しさ。自分のことを考えずにできる強い意志をもてるのが、本当の友達だと思う。

C　相手から自分がどう思われるかではなく、自分が相手のことを大切に思って、何ができるかを考え、がんばれる人が友達だと思う。

C　この話なら警察に伝える方がいい。実際の生活では、あまり親しくないのに首を突っ込むのはおかしい。二十年間で、親しさが薄れているのに、首を突っ込んでしまうから、こんなことになる。

【発問と学習活動の組み立て】

発問と学習活動の組み立てによって、授業はさらに柔軟になります。例えば、「ロレンゾの友達」の前半から、以下の三つの展開が考えられます。

①発問を「誰がよい友達か?」とし、アンドレ・ニコライ・サバイユの考えから選択して、磁石等で立場を明確にして話し合う活動。(この授業)

②発問を「かしの木の下で、三人はどんなことを話したか?」とし、会話の内容を想像し、三人になりきる役割演技によって話し合う活動。

③発問を「三人の考え方の違う点と同じ点は何か?」とし、グループでベン図に三人の考えの共通点や差異点を書き込みながら考える活動。

学習活動によって、考え方にも違いが現れます。子どもの実態に合わせて、多様な授業展開を組み立てていきたいです。

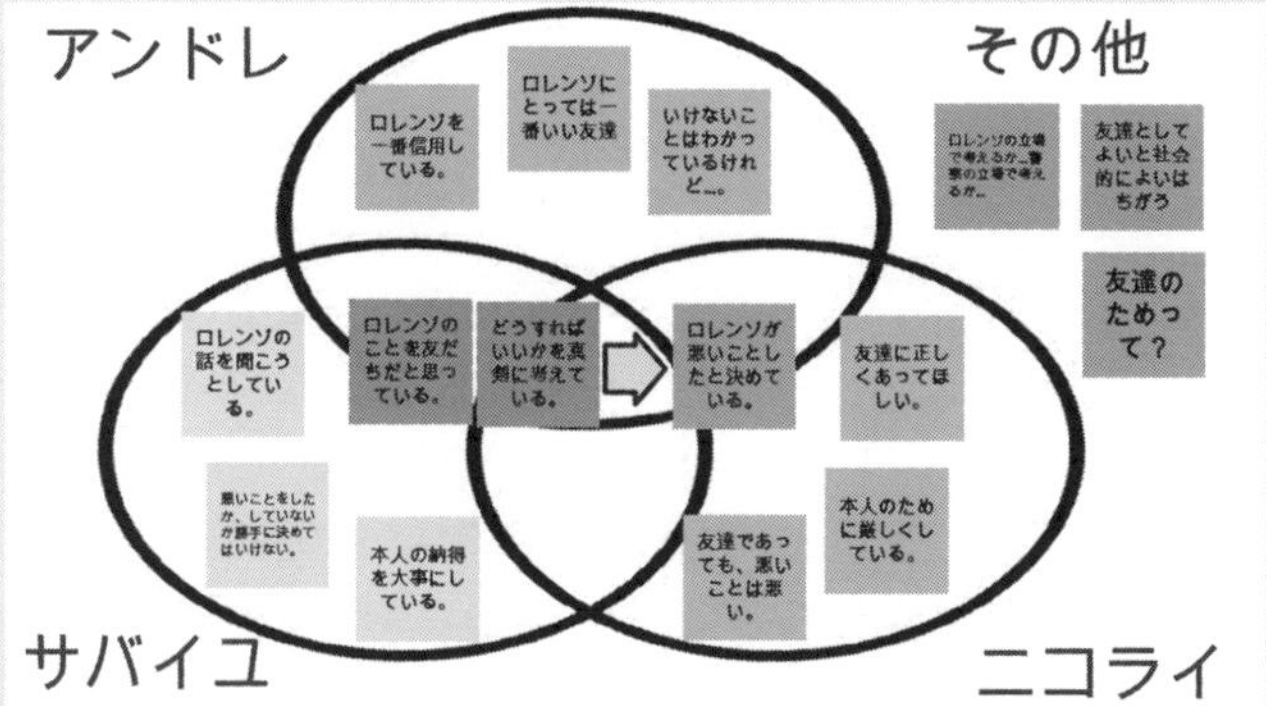

左は、共通点や差異点を見出すために活用したベン図です。ICTを活用してもよいです。

どう信頼を築けばよいか？

C自己を認識する発問・教材 ▶ A価値を認識する発問・教材

こう組み立てる！

発問❶

自分だったら、かしの木の下で話したことをロレンゾに話したか？

話す。大切な友達だから、嘘をつくのも嫌。隠し事をしたら、仲間外れみたいに思われる。

隠し事にも二つある。自分のためと相手のため。この場合は、相手のために話さないほうがいい。

発問❷

ロレンゾたちには「信用」と「信頼」があったのかな？

ニコライたちは信頼していない。ロレンゾがこんな状況で手紙を出してきたのは三人を信頼しているということ。

ロレンゾのことは信頼していたけど、警察の信用には敵わなかった。警察には社会的な信用がある。

こんなときは…

なぜ、三人はロレンゾにかしの木の下で話したことを話さなかったのか？

ロレンゾが罪を犯したと思い込んで話していたことに気がついたから。（謎が解けた！このお話おもしろい！　でも、今日の学習は何だっけ？）

教材前半で「誰の考えがよいか？」と話し合った内容が、教材後半で「全員がロレンゾを信じていなかった」とわかりひっくり返ります。教材のおもしろさを生かし、信頼を深く考える展開にしたいです。

発問❶では、三人で話し合った内容をロレンゾに話すか・話さないかを選択して考えます。

発問❷では、「信用」と「信頼」を視点にロレンゾたちの関係を分析します。

ステップ1

自分だったらどうするかを考える

発問❶ 自分だったら、かしの木の下で話したことをロレンゾに話したか？

C自己を認識する発問・教材

C　話す。大切な友達だから、嘘をつくのも嫌。隠し事をしたら、仲間外れみたい。言わなかったら今後も本音で話せなくなるような気がする。

C　本音を言うには信頼が必要。信頼しているならば、本音を言える。

C　三人が話したことは悪口ではない。ロレンゾのことを考えていただけ。

C　伝えたら、ロレンゾは三人から信用されていないと思ってしまう。

C　二十年以上前からの友達なのに、言ったら関係が崩れてしまうかも。特にニコライは話せないと思う。一番信用していなかった。

C　隠し事にも二つある。一つは、自分のための隠し事。もう一つは相手のための隠し事。この場合は、相手のために話さない方がいい。

T　**相手のためなら隠し事をしていい？　いいと思う？　ダメだと思う？**

C　運動会で考えてみた。その人はがんばったけれど、周りから見れば大したことない結果。だとしたら、言わない方が相手も傷つかない。

C　知らぬが仏。知らなくてもいいことってあると思う。たとえ、すごい

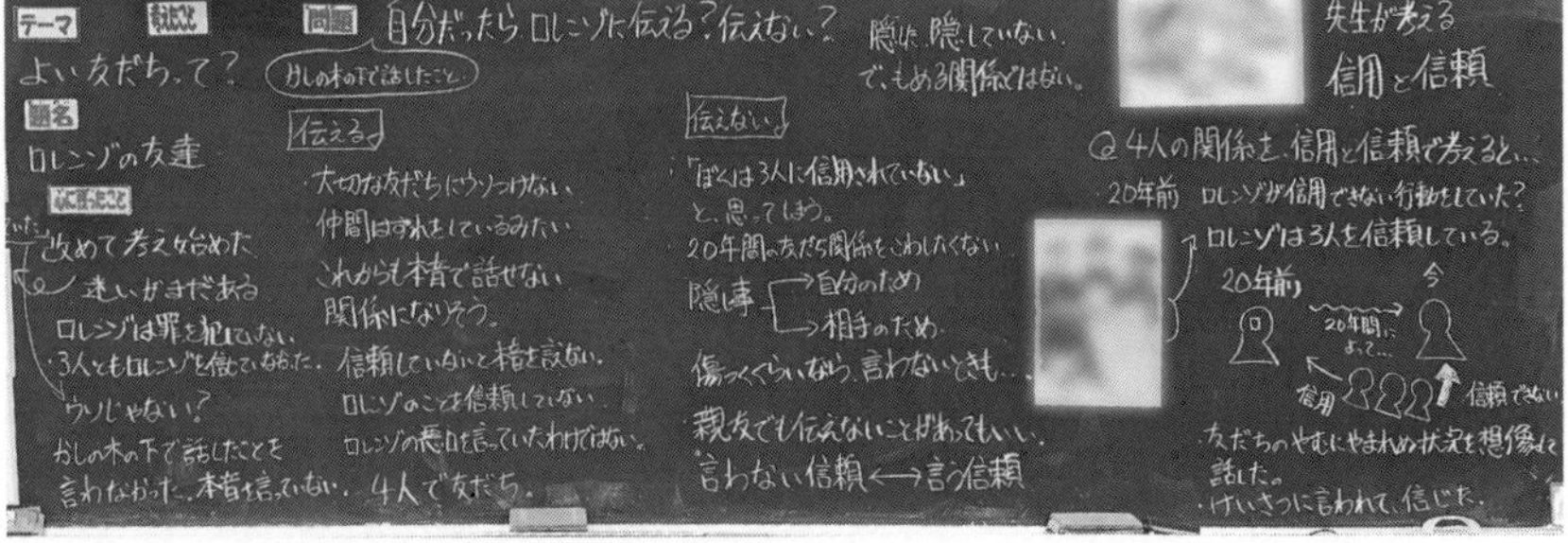

仲のよい友達でも、傷つくことなら伝えられないことがあってもよい。

C　心配しなくても大丈夫。そもそも、後から、言った・言わないでもめて仲が揺らぐのは、信頼のある友達ではないと思う。

T　なるほど。信用や信頼という言葉が出ていたね。信用と信頼について調べてみたよ。「信用」は、その人の過去の行いによって生まれる。今という条件付きで信じられること。「信頼」は、これから未来もずっと大丈夫っていう思い。何があっても無条件に信じられること。

ステップ2

「信用」と「信頼」を視点に三人を分析する

発問❷

ロレンゾたちには「信用」と「信頼」があったのかな？

A価値を認識する発問・教材

C　ロレンゾの二十年前の行動がよければ信頼できるけど、三人のああいう話し合いがあったってことは、信用しきれない何かがあると思う。

C　ニコライたちにはロレンゾへの信頼がなかった。こんな状況で手紙を出してきたということは、ロレンゾは三人を信頼している。

C　二十年前は信用していたけれど、今は信頼できていない。

導入では、第一時の「友達って、何だろう？」に対する考えを共有しました。「信用」や「信頼」といった言葉を用いている子の考えを紹介して、本時のテーマ「どう信頼を築けばよいか？」を設定します。

発問❶では、自分だったらかしの木の下で話したことをロレンゾに伝えるか・伝えないかを選択して、理由を話し合います。子どもから「自分のための隠し事と相手のための隠し事がある」と、気になる話題が出されました。そこで、「相手のためなら隠し事をしていい？」とゆさぶり、「よい」「悪い」の選択肢から挙手で自分の考えを表明させました。途中で全員参加の場面をつくり、話し合いに巻き込んでいきます。

教師の捉える「信用」と「信頼」の意味を次ページの図を使って「過去（これまで）・今・未来」から説

C　あれ？　信用はあるのに？　信頼はしていない？　どういうこと？

C　嘘がないことによって信頼が生まれる。嘘をつくと信頼がなくなる。

C　ロレンゾのことは信頼していたけど、警察の信用には敵わなかった。警察には悪い人を捕まえてきた実績がある。社会的な信用。

C　ひどくない？　二十年間の友達よりも、警察を信用したの？

C　二十年間、ロレンゾが何をしていたか知らないから。

T　**なるほど。みんなは二十年後も信頼できる関係でありたいよね。どう信頼を築けばよいのかな？**

【複数時間扱いの道徳科の授業の組み立て】

一時間一主題一教材を原則としてきた道徳科の授業ですが、最近では複数時間扱いの授業も見られます。教科書でも「ユニット」として複数教材を関連させて考える展開が提案されています。複数時間扱いの道徳科の授業では、以下のような計画を立てることが考えられます。

①一つの教材で複数時間扱いの計画
②一つの主題・テーマを複数時間の授業で扱う計画
③現代的な諸課題や重点内容で複数主題・複数時間の授業を束ねた計画
④複数時間の道徳科の授業を、他の教育活動と関連させて構成する計画

複数時間扱いで計画することで道徳科の授業の可能性はさらに広がります。

明しました。

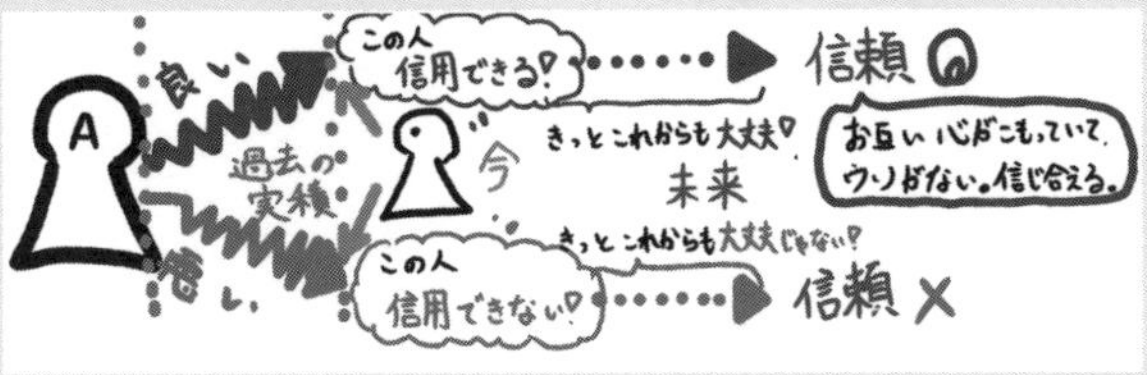

発問❷では、「信用」と「信頼」を視点に、三人を分析します。

終末は、「どう信頼を築けばよいか？」について考えを書きました。

おわりに

道徳科の目標に沿った学習活動を実現するために

本書では、「価値を認識する発問」「自己を認識する発問」「これからの自己を展望する発問」という三つの視点に、「教材からの視点」「自分の経験からの視点」の二つを掛け合わせて、3×2＝6タイプの発問を基に道徳科の授業を組み立てる授業づくりの方法を説明してきました。

理論編2でも述べたように、特に「自己を認識する発問」「これからの自己を展望する発問」という後半の二つの視点を道徳科の授業に取り入れることは、これまでの多くの道徳科の授業が「道徳的諸価値についての理解」にとどまりがちだったという問題点を乗り越えることにつながると考えます。道徳科の目標に「自己を見つめ」「自己の生き方についての考えを深める」学習と書かれている以上、本書で提案した三つの視点は、道徳科の目標を実現するためには必要な視点であると考えます。

このような発問づくりの提案をすると、教師が発問するばかりでは、子どもたち自身の「主体的な学び」にならないのではないか？　という疑問や批判が出されることがあります。そのような疑問や批判に一理あることは間違いありません。しかし、「主体的な学び」と言っても、まずは子どもたちが道徳科の「見方」(価値)と「考え方」(思考方法)を身に付けてこそ、「深い学び」が可能になるのではないでしょうか。ですので、教師ばかりが発問するのではなく、いずれは子ども自身が自ら問えるようになることが目標だと筆者も考えています。このことは、「学習活動(発問など)」という表現を繰り返し用いてきた理由でもあります。

本書では、どちらかと言えば「自己の生き方についての考えを深める」授業づくりを重視してきましたが、もちろん、「物事を多面的・多角的に考える」授業づくりをより重視するなら、本書とは異なった授業づくりの方法が考えられます。それについては、『道徳的判断力を育む授業づくり――多面的・多角的な教材の読み方と発問』（高宮・杉本、２０２２）で詳しく解説していますので、そちらもお手に取っていただければ幸いです。

「価値を認識する発問」「自己を認識する発問」「これからの自己を展望する発問」という三つの視点は、園田学園女子大学の荊木聡先生が提唱した「価値認識」「自己認識」「自己展望」の三つの視点を継承し発展させたものです。荊木先生の創案がなかったとしたら、本書は成立することはありませんでした。この場を借りて御礼申し上げます。

また、本書のシリーズである『小学校国語　発問組み立て事典　物語文編』の著者である富山国際大学の岩崎直哉先生には、「発問を線で捉える」というアイディアを快く貸してくださり、道徳科に応用させていただく機会をいただきましたことを感謝申し上げます。

最後になりますが、明治図書編集部の大江文武氏には、本書の刊行を快く引き受けていただき、丁寧に出版までお導きくださったことを心より感謝申し上げます。

２０２４年７月

高宮　正貴

※本研究は JSPS 21K02617の助成を受けたものです。

【参考文献】

理論編1

・岩崎直哉（２０２３）『小学校国語　発問組み立て事典　物語文編』明治図書
・大西忠治（１９９１）『大西忠治「教育技術」著作集第一〇巻指導言（発問・助言・説明・指示）の理論』明治図書
・押谷由夫（２０１８）「対象軸、時間軸、条件軸、本質軸の視点移動のスキルを磨く」『道徳教育』２０１８年８月号、４～７頁、明治図書
・村上敏治（１９７３）『道徳教育の構造』明治図書

理論編2

・荊木聡（２０２０）『道徳科創発シリーズ②　道徳授業づくり　参考資料集　平成31年度科学研究費助成事業第16回中学高校新教育研究助成』青松会
・荊木聡（２０２１）『中学校道徳板書スタンダード&アドバンス』明治図書
・新宮弘識編著（１９８８）『道徳　生き生きとした授業を創る』国土社
・髙宮正貴・杉本遼（２０２２）『道徳的判断力を育む授業づくり―多面的・多角的な教材の読み方と発問』北大路書房
・髙宮正貴（２０２４）「道徳科における価値認識・自己認識・自己展望の学習指導過程発問の６類型と発問構成の比較」『大阪体育大学教育学研究』第８巻、47～61頁
・村上敏治（１９７３）『道徳教育の構造』明治図書

【著者紹介】

杉本　遼（すぎもと　りょう）

足立区立足立小学校教諭。渋谷区立広尾小学校教諭，東京学芸大学附属大泉小学校教諭を経て，現職。日本道徳教育学会，日本道徳教育学会神奈川支部 学会員。学習会「【楽創】子どもも先生も楽しい授業を創る！」の代表。『道徳的判断力を育む授業づくり―多面的・多角的な教材の読み方と発問』（共著，北大路書房，2022年），『子どもの問いではじめる！哲学対話の道徳授業』（共著，明治図書，2023年），他。

【楽創】子どもも先生も楽しい授業を創る！

高宮　正貴（たかみや　まさき）

大阪体育大学教育学部教授。『道徳的判断力を育む授業づくり―多面的・多角的な教材の読み方と発問』（共著，北大路書房，2022年），『価値観を広げる道徳授業づくり―教材の価値分析で発問力を高める』（単著，北大路書房，2020年），『J.S. ミルの教育思想―自由と平等はいかに両立するのか』（単著，世織書房，2021年），オノラ・オニール『正義と徳を求めて：実践理性の構成主義的説明』（翻訳，法政大学出版局，2024年），他。

小学校道徳　発問組み立て事典

2024年 9 月初版第 1 刷刊

©著　者　杉本　遼
高宮　正貴

発行者　藤原　光政

発行所　明治図書出版株式会社
http://www.meijitosho.co.jp
（企画）大江文武（校正）江﨑夏生
〒114-0023　東京都北区滝野川7-46-1
振替00160-5-151318　電話03(5907)6701
ご注文窓口　電話03(5907)6668

＊検印省略

組版所　株式会社カシヨ

Printed in Japan　ISBN978-4-18-391326-5